Holger

Über dieses Buch Dieses Buch ist kein Krimi! Dennoch ist es spannend genug, was sich an unserem Arbeitsplatz in den letzten zwanzig Jahren getan hat, und wie er sich heute darstellt. Noch wird die Einführung neuer Technologien von vielen nicht bewußt wahrgenommen; noch glauben manche noch an »Spielereien«, was morgen schon den Arbeitsplatz kosten kann. Wir sind alle von dieser Entwicklung betroffen, können und dürfen uns letztendlich ihr nicht entziehen. Wir müssen lernen, uns mit den richtigen Mitteln zur Wehr zu setzen. Daß nicht nur der Arbeitsplatz, sondern auch die Arbeitsqualität uns erhalten bleibt. Arbeitszeitverkürzung zum Beispiel ist kein Allheilmittel für die derzeitigen Probleme, aber möglicherweise ein Schritt in eine gute Richtung. Der Kampf um die 35-Stunden-Woche hat begonnen. Dieses Buch will ein weiterer Anstoß in diese Richtung sein. Wir haben uns in Geschichten, Diskussionen und auch Gedichten mit dem Thema »Tatort Arbeitsplatz« auseinandergesetzt und hoffen, daß dieser Versuch uns weiterträgt.

Werkkreis Literatur der Arbeitswelt

Tatort Arbeitsplatz

… gestern und heute

Herausgegeben von
der Werkstatt Frankfurt am Main

Fischer Taschenbuch Verlag

Originalausgabe
Veröffentlicht im Fischer Taschenbuch Verlag GmbH,
Frankfurt am Main, November 1984

Umschlagentwurf: Jan Buchholz/Reni Hinsch
unter Verwendung einer Grafik von Ernst Pötter, Werkstatt Mülheim
Gesamtherstellung: Clausen & Bosse, Leck
Printed in Germany
880-ISBN-3-596-25284-9

Inhalt

Fabrik der Zukunft

Artur Troppmann

Zuversicht

Wir kommen
aus Fabriken und Hörsälen
aus Wolkenkratzern
und Bambushütten
aus U-Bahnschächten
und aus tropischem Dschungel
unaufhaltbar kommen wir
mit der Wahrheit als Sprache
und machtvoll genug
um uns selber zu helfen

Wir kommen
und unsere Waffen:
Maschinen und Pflüge
Bücher und Instrumente
Zeichenbretter und Laboratorien
werden Elend und Angst besiegen

Wir kommen
und reißen die Wurzeln aus
von Ausbeutung und Krieg
und werden lernen
was allen nützt
und bauen
was alle reich macht
und was wir singen
werden unsere Lieder sein

Tag für Tag

Jürgen Endreß

Roter Pfeifer

Nee – Angst hab ich keine. Da ist mir die Sache viel zu bewußt. Trotzdem würgt ein jämmerliches Gefühl in mir. Läßt mein Vesperbrot wie gedroschenes Stroh schmecken, während meine Augen immer wieder zu der großen Werkshallenuhr hinaufwandern. Den Minutenzeiger beobachten – der nun wieder weiterspringt.

Fünf Minuten nach neun Uhr ist es.

Dabei spielt meine linke Hand unentwegt nervös mit der alten zerbissenen Schiedsrichterpfeife, die am Schnürsenkel um meinen Hals hängt. Aufgeregt schiebe ich sie unter den Latz der Arbeitshose. Hole sie wie im Trotz wieder aus dem Versteck. Drehe, wende sie. Bilde mir ein, lauernde, verstohlene Blicke von Arbeitskollegen auf ihr zu spüren – auf der Pfeife, von der ich noch gestern großkotzig behauptet hatte, daß ich sie kräftig zum Aufruf des Warnstreiks, bei uns im Mittelbau, nach der Frühstückspause, aufschrillern lassen will. Und jetzt muß ich erkennen, nicht das Wort – die Tat entscheidet. Gestern haben wir noch gesprochen: Wir wollen uns was einfallen lassen, was auch den letzten Zauderer, den allerletzten Zweifler hochreißt – mit hinausgehen läßt. Da hab ich in meiner Wichtigkeit den Vorschlag mit der Pfeife eingebracht.

»Prima«, hat der Betriebsrat gemeint, »du stellst dich im Mittelgang unter die große Uhr. Pfeifst was die Lunge hergibt, derweil wir von hinten die Abteilungen durchkämmen.« Damit war die Sache beschlossen. Ausführen war das Einzige. Und vor dieser Frage stehe ich jetzt.

Mein Blick huscht zu den gleichgültig neben ihren Maschinen sitzenden Kollegen. Aber auch gar nichts merkt man ihnen an. Kauen – trinken – schlucken, wie jeden Tag. Als käme in acht Minuten nichts Entscheidendes auf uns zu – wäre Klamotten schmeißen die normalste Sache der Welt. Ein irgendwo angelesener Satz fällt mir ein: »Nicht der Einzelne – die Mehrheit entscheidet alles«.

Und dies schürt meine Zweifel – sind sie denn alle bereit, streikbereit?

Jetzt schäme ich mich. Da habe ich Flugblätter verteilt. Vor Beginn der Frühschicht am Werkstor gestanden. Agitiert – geredet für die Lohnerhöhung. In vielen Einzelgesprächen den Warnstreik mit vorbereitet. Begründet – überzeugt. Und jetzt zweifle ich!
Wenn Angst eine Waffe ist – dann bestimmt in der Hand der Unternehmer. Schlucke diese Erkenntnis mit einem großen Brocken Käsebrot hinunter – schniefe.
Räkle mich lässig auf dem harten Hocker – meine Unsicherheit vor den Augen der Kollegen tarnend. Dabei schleift mein Blick verstohlen rauf zur Uhr – noch fünf Minuten!
Fest umkrampft meine Linke die Pfeife. Dieses kleine schwarze Ding, das jetzt eine ungeheuere Bedeutung bekommt.
So gerne hätte ich ausgerechnet heute mit Kollegen ein paar Worte gewechselt. Aber die sitzen – kommen nicht wie sonst zu mir. Ob sie auch lauern auf den, der den Ersten macht, als Erster dem Ausgang zugeht?
Schnell wollen wir die Kollegen draußen haben. Damit der Obermeister, auch die Meister, keine Gelegenheit mehr haben, durch Ermahnungen die Kumpels von der Einheit abzuhalten. Aber warum mußte ausgerechnet ich mich vordrängen – mit dem Vorschlag, zu pfeifen?
Hätt doch schön gemütlich als einer der vielen mit hinausschlendern können! Alles dem Betriebsrat überlassen sollen? Nee – dies ist nichts anderes als Ausrede der Feigheit. Nicht die – wir alle wollen die Lohnerhöhung. Und jedes bißchen mehr dafür zu tun, ist schneller ans Geld zu kommen. Als ginge es nur ums Geld – und erkenne deine Macht – darum geht es.
Zwei Minuten vor, zeigt die Uhr.
Hundertzwanzig Sekunden sind eine Ewigkeit, wenn man Angst vor der eigenen Courage hat.
Ja um Gottes Willen, diese Uhr – die Uhr muß doch vorgehen? Es sind ja nur noch Sekunden.
Irgendwas stößt mich vom Hocker – führt meine Beine mit weitgreifenden Sätzen durch die Abteilung, zwischen den stillgesetzten Maschinen. Läßt mich fast in eine Vorratskiste fallen. Und der Minutenzeiger hat ihn schon erreicht – den breiten Streifen, der die Zahl drei – das Ende der Vesperzeit – den Beginn des Warnstreiks anzeigt.
Tatsächlich – ich stehe pünktlich und breitbeinig unter der Uhr im Mittelgang. Dort wo sich die Wege zu den Hallenausgängen wie bei einer Kreuzung treffen. Schwer liegt die Pfeife in meiner schweißnassen Hand. Führe sie zittrig, aufgeregt an die

Lippen. Blase, fest, aus voller Brust. Da geschieht es. Der fürchterliche Schreck, der mich dabei durchfährt, läßt mich aufwachen. Zweifel – Ängste – Unsicherheit fallen von mir. Bin wieder der – den sie halb spöttisch, halb bewundernd als »Roten Bruder« bezeichnen.
Jawohl, ich habe es getan. Stehe hier wie auf einem Präsentierteller unter der Uhr und puste in die Pfeife.
Aber – kein Ton verläßt die dafür vorgesehene Öffnung.
Das kleine Holzkügelchen, das den Triller erzeugt, macht Sabotage, rührt sich nicht, bleibt stumm.
Der Schlag soll mich treffen. Alle warten auf das Signal und ich, ihr »Roter Bruder« bin unfähig, die Pfeife in Bewegung zu setzen. Mag ja sein, daß ich dumm aus der Wäsche geschaut habe. Aber es geht nicht anders – ich muß einfach lachen.
Richtig glucksend lachen. Dann probiere ich es nochmals. Vorsichtig, gezielt, hebe ich die Pfeife an die gespitzten Lippen. Hauche mit Andacht, dann immer bestimmter. Und der Ton steigt – wird greller – aggressiver, fordert auf.
Bis ich keine Luft mehr hervorbringen kann, puste ich.
Lange zieht sich der aufdringliche Triller hin. Stachelt an. Gibt mir beim Absetzen zum Luftholen regelrecht die Worte in den Mund: »Raus hier – alles raus«!
Weiter pfeife ich – dazwischen immer wieder: »Raus – alles raus«! Wedle, winke mit dem Arm, trillere – schreie. Schiebe meinen, mit wehendem Mantel herbeigeeilten Abteilungsmeister wie einen leeren Karton beiseite.
»Raus hier – alles raus!« brülle ich. Und immerfort das Schrillen der Pfeife. Genugtuung, ja Fröhlichkeit steigt in mir auf. Die Kollegen haben sich entschieden. Sehe, wie sie sich in Bewegung setzen. Sich schieben – drängen. Mancher hastet sogar im Laufschritt – alle in eine Richtung. Und ich blase, trillere, pfeife. Rufe dringen an mein Ohr: »Mensch hör auf – erschreck einen nicht so – wir gehen ja schon ...!« Und die Schiedsrichterpfeife an meinen Lippen jubiliert.
Hundert zu null – die Mehrheit hat längst schon entschieden. Wie konnte ich nur zweifeln!
Nun wird mein Pfeifton ausgelassener. Versuche Rhythmus in die Töne zu bringen. Ein Liedlein anzupfeifen. Rausch – Siegeslust hat mich erfaßt. Ja – bis mich der Arm meines Betriebsrates herumdreht.
»Menschenskinder, wen willst du denn noch hinauspfeifen?«
»Hä«, reagiere ich etwas langsam. Dabei muß ich mit einem Rundblick feststellen, daß die Halle leer ist.

»Der letzte bist du«, ruft mir der Betriebsrat noch zu. Dann schließt sich auch hinter ihm die Doppeltüre.
Nun bin ich fast ein wenig beleidigt.
Wie können mich die Kumpels vergessen, mich alleine lassen? In der Halle wie ein unbrauchbares Werkstück herumstehen zu lassen? Und schon galoppiere ich hinter dem Betriebsrat her. Vorbei an den fünf, sechs Meistern, die in Sprachlosigkeit nur mit dem Kopf schütteln. Vorüber am Obermeister, der mich mit einer Handbewegung stoppen will. Dann doch wie resignierend abwinkt. Nun packt mich Übermut – halte im Laufen inne. Wende mich zu den Meistern – grinse. Richtig mit einem Siegergrinsen. Dann pfeife ich. Schrill, kurz – auffordernd – fiit. Und schon bin ich im Hof, der in den letzten Jahren noch nie so viel Arbeiter um neun Uhr fünfundzwanzig zum Tor hat streben sehen. Suche – finde meine Kollegen vom Mittelbau. Die sich schon zu einem Block formieren.
»Hei, die ersten waren wir – komm, heute marschierst du an der Spitze!« »Du Pfeife, als Letzter kommst du angetrabt«, rufen sie mir unter Schmunzeln und Lachen zu. Schulterklopfend werde ich nach vorne geschoben. Lauter fröhliche Gesichter. Nichts Verkrampftes. Alle entspannt.
Kampfbereite Arbeiter haben sich aufgemacht unter Transparenten, einen Demonstrationszug zum Werkstor, hinaus auf die Straße, zu vollenden. Und ich reihe mich ein. Hänge mir das Schild um. Bin einer aus der Mehrheit, die entschieden hat, die Lohnerhöhung zu erkämpfen. Und der Zug setzt sich in Bewegung ...
Nur eines macht mich jetzt, Wochen später, trüblich. Sie titulieren mich nicht mehr als »Roten Bruder«. Werde nur noch »Roter Pfeifer« gerufen. Naja, was soll's, sagen sie doch nichts anderes als – »wir sind zum Streik bereit«.

Jutta Sickenius

Der 8. März

8. März – Internationaler Frauentag. Zum erstenmal wollen wir in unserem Ort rote Nelken und Flugblätter vor Arbeitsbeginn an die Frauen verteilen. Morgens um halb sieben verlasse ich das Haus, im linken Arm 200 rote Nelken, in der rechten Hand 200 Flugblätter. Ich muß mich beeilen, denn in der mir

zugeteilten Firma soll die Arbeit um 7.00 Uhr beginnen. Ich wohne noch nicht lange hier, habe mir deshalb am Abend vorher noch den Weg zeigen lassen. An der Ampel links, nächste Kreuzung rechts und dann die nächste Straße ...

Ja verdammt, wohin denn jetzt, war das rechts oder links? Ich halte an, überlege, entscheide mich für rechts. Falsch, Mist und auch noch ne Einbahnstraße. Also gut, einmal um die vier Ekken, dann müßte ich ja wieder auf der Hauptstraße landen. Dachte ich aber nur. Jetzt bin ich erst recht falsch. Ich fange an zu schwitzen, werde hektisch, schon viertel vor sieben, meine Kollegin ist sicher längst da und wartet auf die Nelken.

Gerade will ich noch mal abbiegen, da sehe ich weiter vorn einen roten Punkt – Nelken. Ich fahre hin, es sind meine Kolleginnen, die vor einer anderen Firma eingeteilt sind. Noch ist hier keine Menschenseele sonst zu sehen, die Produktion beginnt erst um halb acht.

Fenster runter, Kopf raus »wißt ihr, wo die Industriestraße ist?« Mittlerweile zittern mir die Hänge und die Knie vor Aufregung, nur noch acht Minuten vor sieben. »Ja, du mußt in die andere Richtung und dann die dritte Straße rechts.« »Verdammt«, ohne weitere Worte versuche ich in dieser schmalen Straße zu wenden, ramme dabei fast noch einen Gartenzaun und rase dann zurück. Endlich sehe ich von weitem das Firmenschild, entdecke auch noch einen Parkplatz in der Nähe, stelle das Auto ziemlich quer da rein, grabsche nach meinen Blumen und den Flugblättern und renne zum Eingang. Meine Kollegin kommt mir entgegen: »Mensch, wo bleibst du denn, die sind ja alle schon drin.« Ich stammle nur noch was von verfahren, tut mir leid, und versuche wenigstens noch den paar Frauen, die jetzt im Eilschritt ankommen, unsere Nelken und Flugblätter in die Hand zu drücken.

Natürlich krieg ich die Nelken nicht schnell genug auseinander, die Stile und Blüten haben sich verheddert. Aber die drei Frauen, die da eben noch so dahergeeilt kamen, bleiben stehen, als ich einen Schritt auf sie zugehe, immer noch verzweifelt mit meinen Blumen kämpfend. Es sind Ausländerinnen, kennen den Frauentag, erkennen an den Nelken sofort, warum wir hier stehen. Zeit haben sie auf einmal, freuen sich, helfen mir beim Sortieren und reden von Solidarität, Frauentag, dem bevorstehenden Streik um die 35-Stunden-Woche.

Einige Männer laufen neugierig vorbei, die Frauen winken ihnen zu, lachen, das ist unser Tag heute. Ein Mann bleibt stehen. Stellt sich als Betriebsratsvorsitzender vor, begrüßt uns, freut

sich, daß sein Betrieb in die Aktionen mit einbezogen wurde. Wir erzählen ihm von unserer Verspätung, daß die meisten Frauen bereits am Arbeitsplatz sind; er meint nur »kein Problem, wartet mal nen Moment« und geht hinein. Kurze Zeit später geht die Tür wieder auf und heraus kommen erst zwei Frauen, dann drei, später sind es über 30. Sie stehen bei uns in der Kälte, ohne Jacke, die meisten eine Kittelschürze umgebunden und warten geduldig, bis wir unsere Nelken auseinandergepuhlt haben. Sie reichen sie weiter, die, die eine haben, bleiben trotzdem da, sie lachen, lesen die Flugblätter, reden durcheinander, zeigen sich gegenseitig ihre Blumen und winken den neugierig dahinter stehenden Männern zu.
»Das ist heut nur für uns«, ruft eine, »heut ist nämlich Frauentag, Internationaler Frauentag«. Zwei der Frauen gehen nach hinten, zeigen den Kollegen ihr Flugblatt und erklären, daß dieser Tag seit über 70 Jahren gefeiert wird, daß er dadurch entstanden ist, daß in allen Ländern Frauen für ihr Wahlrecht und für bessere Lebens- und Arbeitsbedingungen gekämpft haben und daß der II. Internationale Sozialistische Frauenkongreß 1917 beschlossen hat, jedes Jahr im März einen Kampftag der Frauen durchzuführen.
»Kampftag der Frauen?« meint da ein Kollege, »ja wofür wollt ihr denn kämpfen? Euch geht's doch gut, Wahlrecht habt ihr, Arbeit habt ihr und die Gleichberechtigung von Mann und Frau steht doch sogar im Grundgesetz.« Wir haben uns mittlerweile auch zu dieser Gruppe gestellt und die anderen Frauen sammeln sich drumrum und hören zu. »Dieses Jahr«, sage ich, »steht der Frauentag unter dem Motto: Arbeitszeit verkürzen, Arbeitsplätze schaffen, Frieden sichern. Ihr seid doch alle Metaller, wißt, daß eure Gewerkschaft die 35-Stunden-Woche fordert und daß mittlerweile schon drei Verhandlungsrunden ergebnislos vertagt wurden. Ihr steht doch jetzt schon kurz vorm Arbeitskampf, und das ist doch schließlich ein Kampf, den die Frauen auch mit führen müssen.« »Wie soll denn ich für die 35-Stunden-Woche kämpfen?« fragt da eine Kollegin. »Ich muß doch zusehen, daß ich meine Arbeit behalte, weil ...« »Daß du deine Arbeit behältst?« unterbricht sie da ihre Nachbarin »ja dann mußt du aber schleunigst was für die 35-Stunden-Woche machen, weil du sonst garantiert deinen Arbeitsplatz verlierst. Hast du gestern nicht die Zeitung gelesen. Bis 1990 sollen wir über sechs Millionen Arbeitslose haben, wenn es bei den 40 Stunden bleibt. Und warum solltest ausgerechnet du dann nicht bei denen dabei sein? Gerade wir Frauen sind doch am meisten

von Arbeitslosigkeit betroffen, wir werden ja jetzt schon wieder nach Hause zu Kindern und Kochtöpfen geschickt, weil wir angeblich »Doppelverdiener« sind und den Männern die Arbeit wegnehmen. Wo doch schließlich jeder Mensch das Recht haben soll, zu arbeiten und dafür auch bezahlt zu werden, oder? Und außerdem, wer von denen spricht denn von unserer Doppelbelastung? Wenn du hier fertig bist, rennst du nach Hause, putzt, kochst, wäschst und bügelst, holst die Kinder, gehst einkaufen und fällst am Abend todmüde ins Bett. Wo bleibst denn du dabei? Glaubst du nicht, daß dir fünf Stunden mehr Zeit in der Woche ganz gut tun würden? Oder wenn dein Mann fünf Stunden mehr zu Hause ist, er dir bei der Hausarbeit helfen kann und dann für euch beide ein bißchen mehr Zeit übrigbleibt.«

Still ist es geworden, die andern schauen betreten zu Boden, die Kollegin, die gesprochen hat, blickt auffordernd in die Runde.

»Jetzt aber wieder rein, Leute« ruft von hinten der Betriebsratsvorsitzende »es ist schon eine viertel Stunde um und nachdem ihr jetzt alle von der 35-Stunden-Woche überzeugt seid, wollen wir ja nicht schon heute warnstreiken, oder?« Murmelnd löst sich die Versammlung auf, einige Frauen drehen sich noch einmal um, winken mit ihren Nelken, danken uns, wünschen uns noch viel Spaß. »Bis heute abend im Frauenzentrum«, rufen wir ihnen noch nach, da findet nämlich ein Frauenfest statt, Termin und Einladung steht auf dem Flugblatt.

Wir gehen zum Auto zurück, haben heute morgen noch ein bißchen mehr zu tun. Die Schule beginnt in einer halben Stunde, und da wollen wir noch die Lehrerinnen erreichen. Anschließend geht's in drei Kindergärten, mehrere kleine Geschäfte, zwei Supermärkte und in die Sparkasse. Danach sind wir alle Nelken los, ganz schön durchgefroren und freuen uns aufs Frühstück, zu dem wir uns um 10.00 Uhr alle treffen wollen.

Wir sitzen zu acht um einen runden Tisch, der mit Kaffee, frischen Brötchen, selbstgebackenem Kuchen, Wurst, Käse, Marmelade und Butter beladen ist. Erstmal tauschen wir unsere Erfahrungen aus, dann fällt uns ein, daß wir zwar sehr viele Nelken verteilt haben, wir selbst aber nicht eine einzige behalten konnten. Ein Kollege steht wortlos auf, kommt zehn Minuten später mit fünf roten Nelken wieder, für jede Frau am Tisch eine.

Im Gespräch stellt sich heraus, daß die Reaktionen überall unheimlich gut waren, daß sich die Frauen sehr gefreut und sich

Zeit für ein paar Worte genommen haben. Die Ausländerinnen haben sofort gewußt was die Nelken bedeuten, deutsche Frauen waren oft erst irritiert, haben nachgefragt. Kein Wunder, bei uns war der Frauentag auch lange in der Versenkung verschwunden, taucht erst seit Mitte der siebziger Jahre wieder auf und wird erst seit kurzem auch von den Gewerkschaften mit organisiert.

Wir sind alle leicht aufgedreht – soviel positive Reaktionen am frühen Morgen heben ja auch die Stimmung – und als wir die Story von unserem »Warnstreik« erzählen, biegen sich alle vor Lachen. So lange Gespräche haben bei den anderen Firmen nicht stattgefunden. »Siehst du«, meint eine Frau zu mir, »du bist doch immer so ein Morgenmuffel und kommst zu spät, vielleicht hat das diesmal sogar was Gutes gehabt.« Wieder lachen alle, schließlich haben mich die meisten schon mal morgens zerzaust, in Hektik und – wieder mal – zu spät erlebt.

Um halb zwölf heben wir die Tafel auf; um eins will ich noch mit zwei Kolleginnen nach Rüsselsheim fahren, wir sind um zwei bei Opel eingeteilt, da ist dann gerade Schichtwechsel.

Halb zwei, wir kurven um das Opel-Gelände herum und suchen unseren Eingang. Wir müssen uns in eine Unterführung stellen, weil wir da die Frauen, die vom S-Bahnhof kommen, auch gleich erreichen können. Im Moment versuchen wir, mit dem Auto so nah wie möglich an die Treppen zur Unterführung ranzukommen, um unsere 400 Nelken nicht so weit schleppen zu müssen. Wir sind schon auf Werksgelände und haben ein bißchen Bauchweh, daß uns der Pförtner gleich wieder rausschmeißt. Als wir anhalten und unsere Nelken und Flugblätter ausladen, guckt er zwar ein bißchen komisch, sagt aber nichts. Eine Frau fährt das Auto zum Parkplatz, wir anderen schnappen uns den Blumeneimer und die Flugblätter und wollen uns einen günstigen Standort suchen.

Mittlerweile strahlt die Sonne vom Himmel und als wir in den langen Gang hinuntersteigen, kommt in mir ein Gefühl des Ausgeschlossenseins hoch, ausgeschlossen von Sonne, Luft, vom Leben. Dreckig und staubig ist hier unten alles, dunkel – eher düster vielleicht, die Luft vom Uringestank durchdrungen. Wir stellen uns etwa in die Mitte der Unterführung. Vor mir ein heller Fleck, der das Ende des Tunnels anzeigt, ein Stückchen Himmel, hinter mir ein heller Fleck, der Anfang.

Noch ist alles leer, ein Zeitungsverkäufer, der seinen Stand hier unten aufgebaut hat, meint, in fünf Minuten würde es losgehen, erst vereinzelt, dann würden sie in Massen kommen, die ersten

noch langsam daherschlendernd, in der Gewißheit, genügend Zeit zu haben; die letzten eilig laufend – die Stechuhren haben kein Verständnis für einen langen Fußmarsch.
»Mindestens zehn Minuten braucht man doch vom Auto bis zur Stechuhr«, schätze ich. »Mindestens – eher länger«, meint meine Kollegin. »Sauerei eigentlich. Da hast du eine mehr oder weniger lange Anfahrtszeit zur Arbeit, stehst ewig im Stau, weil ja alle zur gleichen Zeit auf den gleichen Parkplatz fahren, läufst noch zehn Minuten bis zur Stechuhr und ab da fängt deine Arbeitszeit erst an. Als ob das vorher dein Privatvergnügen war, überhaupt erst mal in den Betrieb reinzukommen. Tja, und auf dem Heimweg natürlich genau das gleiche, nur umgekehrt. Eigentlich müßten diese blöden Stechuhren am Eingang zum Parkplatz stehen, weil doch spätestens da die Arbeitszeit schon anfängt.« »Du meinst wohl so eine Art von Arbeitszeitverkürzung, wenn ein Teil der Wegzeit auf die Arbeitszeit angerechnet wird. Ich mein aber viel mehr, die Dinger gehören ganz abgeschafft, sie sind ja doch nur zum Kontrollieren da und geben dem Unternehmer noch die Möglichkeit, dir was von deinem Geld abzuziehen, wenn du's mal nicht rechtzeitig geschafft hast.«
Inzwischen sind wir wieder zu dritt und die Kollegin erzählt, daß da oben langsam ganz schön viel Verkehr ist, sie denkt, daß es bald los geht. Wir überlegen noch, ob wir bei diesem Massenandrang wohl alle Frauen erwischen würden, sehen darin aber kein wirkliches Problem. Wo wir doch heute morgen so tolle Erfahrungen hatten!
Es geht los, die ersten Leute kommen, daherschlendernd, wie vorausgesagt. Es fällt mir schwer, im Gegenlicht zu erkennen, ob uns Männer oder Frauen entgegenkommen, was vorher für meinen Geschmack zu wenig vom Himmel zu sehen war, ist mir jetzt zu viel. Bisher sind nur Männer an uns vorbeigelaufen, uns und unsere Blumen zwar betrachtend, aber ohne erkennbare Reaktionen.
Der Menschenstrom fängt an zu fließen, es werden immer mehr, ich bin ununterbrochen damit beschäftigt, diese Massen einzuteilen in: Frau – keine Frau. Bisher habe ich überwiegend in »keine Frau« eingeteilt. Irgendwie sehen sie alle gleich aus, dunkle Schatten, die sich vom hellen Hintergrund abheben, ein paar Schritte weiter sind es graue Gestalten, in der Masse verschwindend, bis es wieder hell genug ist, ihre Gesichter zu erkennen und sie zu unterscheiden, aber dann sind sie auch schon an mir vorbei. Meine Augen suchen einen festen Punkt, kön-

nen ihn nicht finden, sehen nur Ströme – Menschenströme, Arbeiterströme. Was muß das für eine Macht sein, die sie alle anzieht, einsaugt, auslaugt und nach acht Stunden wieder ausspuckt! Mir wird schwindelig, ich versuche, meine Augen wenigstens auf eine feste Entfernung einzustellen und dort einzuteilen: Frau – keine Frau. Nach fünf Minuten möchte ich nur noch weglaufen, frische Luft, keine Ströme mehr, keine Menschen mehr – nur Ruhe. Aber ich funktioniere weiter, gehe auf jede in meiner Nähe vorbeilaufende Frau zu, wünsche ihr alles Gute zum Frauentag und halte ihr eine ins Flugblatt gewickelte Nelke hin.
Nach einer viertel Stunde ist es vorbei. Ganz plötzlich hat es aufgehört, kommen nur noch einzelne Menschen der Masse hinterherrennend.
Wir sehen uns an, blicken in erschöpfte und traurige Augen. Meine Gesichtsmuskeln spannen, als ich endlich die zu einem Lächeln angehobenen Mundwinkel fallen lassen kann. Was ist hier eigentlich passiert?
Erst jetzt kommen wir so langsam zu uns, können drüber nachdenken, darüber reden, vorher konnten wir nur noch reagieren, funktionieren. Viele Frauen haben unsere Nelken gar nicht genommen. Sie haben weggeguckt, wenn wir auf sie zugegangen sind, sind auf die andere Seite gelaufen, wenn sie uns rechtzeitig gesehen und einen Platz zum Ausweichen gefunden haben. Die, die Flugblatt und Nelke genommen haben, haben das oft nur im Vorbeigehen getan, bei kaum einer Frau war Freude, Verständnis für unser Anliegen oder das Wissen um den Frauentag zu erkennen.
Viele fragten, was sie denn mit der Nelke sollten, sie würde am Arbeitsplatz sowieso kaputt gehen, eine Frau meinte, sie hätte zu Hause genug Blumen, sie bräuchte kein Geschenk von fremden Leuten.
»Was geht nur in den Menschen vor, die sich nicht mehr freuen können? Schließlich will einem doch nicht jeden Tag einer was auf der Straße schenken.«
Wir haben gerade noch Zeit, unsere Nelken wieder zu sortieren – durch die viele Anrempelei sind einige Blüten abgebrochen – schon geht es aus der anderen Richtung weiter, jetzt kommen die, die Feierabend haben.
Das gleiche Spiel. Graue Massen rennen mit grauen Gesichtern und in grauer Kleidung achtlos an uns vorbei. Raus, nur raus hier, scheint in ihren Gesichtern zu stehen. Eine Frau kommt auf mich zu, bleibt stehen, erzählt mir, sie und ihre Kolleginnen

hätten heute morgen bei Schichtbeginn schon eine Nelke gekriegt. »Und, wo hast du sie denn hingesteckt?« frag ich sie im Spaß, weil ich keine Blume bei ihr sehen kann. »Weißt du, wir arbeiten in der Montage am Band und da hast du schlecht ne Möglichkeit, Blumen hinzustellen. Sie an unsere Kittel zu stekken, dazu warn sie uns zu schade. Also haben wir alle eingesammelt und wollten in einer Thermoskanne Wasser holen gehen. Genau in dem Moment kam der Meister, sieht das, schreit uns an, was das denn soll, mitten in der Arbeitszeit einfach wegzulaufen. Sie müsse eben mal aufs Klo, meinte eine Frau und ging trotzdem. »Mit Blumen, mit soviel Blumen willste scheißen gehen?« brüllte er ihr nach. Aber sie drehte sich nicht mal mehr nach ihm um. Als er nach einer halben Stunde wieder bei uns vorbei kam, standen die ganzen Nelken in der Thermoskanne auf unserem Tisch. Voller Wut ging er drauf zu, warf sie runter, trat auf den Blumen rum und schrie immerzu: Frauentag, Scheiß Frauentag, da habt ihr euern Frauentag.« »Und was weiter?« fragte ich. »Nichts weiter. Wir kehrten alles zusammen und schmissen es in den Abfall. Was willste machen? So cholerische Anfälle kriegt der öfter. Er ist halt der Meister.«
Die Frau dreht sich um und geht weiter.
»Da habt ihr euern Frauentag«, murmle ich vor mich hin und betrachte die abgerissenen Köpfe und die langen leeren Stiele, die wir kurz vorher in unseren Korb aussortiert haben.
»Und jetzt erst recht«, meint da meine Kollegin »da siehst du doch, wie nötig er ist. Für uns alle, für die Frauen selbst, egal ob sie arbeiten oder zu Hause sind. Aber besonders wichtig ist so ein Tag hier in diesen Menschenfabriken. Einsaugen – ausbeuten – ausspucken, Tag für Tag, immer wieder, so lange, bis sie dich nicht mehr brauchen können. Dann wirst du weggeschmissen, wie die Nelken – kaputtgetreten und mit abgerissenen Blüten. Und dagegen müssen wir uns wehren, das müssen die Leute verstehen. Gerade hier!«

Ludwig Miehe

Schönen Sonntag noch oder T. b. T.*

– *Hallo?*
– Ja ... Herr Moll, geht's gut?
– Naja.
– *Und ... die Geschäfte?*
– Im Moment ruhig, möcht ich ...
– *Aber Herr Moll*, Sie wissen doch, wir müssen schwer dran drehn, jetzt ... schwer dran drehn!! Denn: die dicken Dinger, die sind natürlich gelaufen, und wo's jetzt drauf ankommt, ist: *Nachschub ranschaffen! Auf Nachschub* kommt's an, im Moment ... das wissen Sie doch, oder!?
– Ja ... sicher.
– Sagen Sie, wann gehn Sie eigentlich in Urlaub? Hat meine Sekretärin das richtig ... im August, ist das korrekt?
– Richtig ... im August.
– Hörn Sie, sind Ihre Kunden da nicht schon wieder zurück – die Schulferien sind doch im Juli, bei Euch, oder? Dann läuft das Geschäft doch wieder voll an, im August – und ausgerechnet *dann* machen *Sie* Urlaub!!
– Ja ... äh, leider ...
– Sagen Sie, könn' Sie da nicht dran drehn!? Ich mein', daß Sie im Juli oder so ...
– Hm ... schlecht.
– *Schlecht* ... wieso!?
– Tja, wir warn doch erst im Mai – und da wär das etwas eng, möcht' ich mal ...
– Also Herr Moll, wenn Sie das so sehn! Hörn Sie, da müssen Sie aber zusehn, daß Sie noch tüchtig was ranschaffen, im Juli, *tüchtig, tüchtig!*! Sonst, muß ich Ihnen ehrlich sagen, seh ich schwarz ... für Sie!
– Ja, ich ...
– *O Mannomann* ... da komm' Sie aber in' böses Loch, fürcht' ich ... in'en böses Loch!! Der Juli flau, wegen der Schulferien ... und im August Urlaub! Also, ich an Ihrer Stelle würde mir das noch mal ...
– Naja, die Sache is: wir ham das seit längerem ...
– *Wie* ... haben Sie was gebucht!?
– Naa, des nich, aber meine Verlobte ...

* Terror by Telephone

– *Waas??*
– Also, meine Verlobte, die kriegt nur im August, und da wollten wir zusammen ...
– *Ach* ... und *die* kann das nicht ändern!?
– Naa, weil doch die Kollegen mit Kindern im Juli – und da bleibt für die andern nur ...
– *Versteh schon ... versteh!* – Na, da seh ich aber schwarz, seh ich da.
– Ja, äh ...
– *Böseböse* ... Also hörn Sie, Herr Moll: da müssen Sie aber noch ganz schön durch die Gegend wetzen, im Juli!! Ganz schön ranschaffen, müssen Sie da!
– Ja ... ich' äh ...
– *Waass??*
– Also, ich mein, da muß ich im Juli halt die Kunden besuchen, die ...
– Tja, da sehn Sie mal zu, Herr Moll, daß Sie das packen! En böses Loch gibt das sonst, im Herbst ... *ein böses Loch!!*
– Ja'äh ...
– *Auweiaweia!* Naajaa ... Sie müssen wissen, was Sie tun!! Aber das eine, das muß Ihnen klar sein, Herr Moll: die Konsequenzen tragen Sie ... *Sie ganz allein!!*
– Ja.
– *Böseböse* ... tja, da gibt's nur eins: wie der Teufel ranschaffen, im Juli ... *wie der Teufel!!* Denn Sie wissen ja, Herr Moll: wir brauchen Futter – wenn wir *Futter* haben, dann sind wir zufrieden ... das wissen Sie doch, oder!?
– Ja, ich ...
– Denn im August, wenn die Leute wieder da sind, in der Fabrik ... dann will ich Schwung in den Laden bringen, *Schwung, verstehn Sie!* Und dazu, Herr Moll, brauchen wir Futter – *is das klar!*?
– Ja ...
– *Herr Moll,* ich kann nur hoffen, Sie nehmen sich meine Worte zu Herzen – *tun Sie doch, oder!*?
– Ja.
– Dann *flitzen Sie los!*! Haun Sie ran, daß *die Schwarte kracht* – sonst ...!
– Ja.
– Und jetzt wünsch ich Ihnen noch ein schönes Wochenende, Herr Moll ... *schönen Sonntag noch!*

Ludwig Miehe

Die Buschtrommler

Uff, des wärs!! 'n Hörer auf die Gabel – wieso Gabel, da is doch längst keine mehr ...
Also von vorn: Eben ruft J. R. an, dein Boss (Jochen Ringelstett, Leiter der Abwicklung, kurz Tschei-Aar genannt) – zuerst gehts um die Verhandlungen mit dem Betriebsrat, Anfang nächster Woche; Ziel: Personalabbau! Dazu sollst du dir gefälligst Argumente schnitzen – schließlich hättest du Zeit genug, während du krankspielst, zu Haus (Originalton Tschei-Aar)!!
Völlig schleierhaft, wie ihr den Berg Arbeit in Zukunft nur schaffen sollt, mit noch weniger Personal!? Kaust noch an dem Brocken, da ist er schon bei der Zentraleinheit: Wo der Hobel nur bliebe, verdammt nochmal – die Monteure ständen Gewehr bei Fuß, auf der Baustelle?! Montag, im Büro zurück, sollst du *sofort* mit dem Lieferwerk sprechen: Machen Sie den Typen in der Fabrik mal Feuer untern Arsch ... diesen Oberpennern!!
Aber die Katze, die läßt er ganz am Schluß aus dem Sack: Sagen Sie, Herr Mohr ... erinnern Sie sich noch an diese Sache vom Frühjahr? Wissen Sie, das mit dem Betriebsrat – also, das is jetzt beigelegt!
Du schluckst – und ob du dich erinnerst!! – Naja, die Stimme deines Bosses abgehackt, bin natürlich heilfroh: man hat sich geeinigt ... wurd auch Zeit! Nehm an, beide Seiten ham zurückgesteckt ...
Als erstes: Erleichterung bei dir, gibs zu! Schließlich hat er euch lange genug in Atem gehalten, der Fall Ringelstett! Aber dann: dieser Anflug von Triumph in Tschei-Aars Stimme ... hatte etwa der Betriebsrat zurückstecken müssen, waren die Zeugen umgefallen??
Im selben Moment hörst du dich murmeln: Tja, dann auch herzlichen Glückwunsch! Die Zunge hättst du dir am liebsten abgebissen, danach! Trocknes Auflachen von Ringelstett: Nun, en Kratzer is schon noch geblieben: 's gibt'n schriftlichen Verweis! Aber trotzdem: so düster, wie's noch vor Tagen aussah ...
Stille in der Leitung – dann wieder dein Boss: *Moment* ... da is doch was anner Tür!
Türenklappen ... Schritte – dann läßt er sich wieder vernehmen: Also ... da war eben son komisches Geräusch – passiert

mir jetz öfter! Verfolgungswahn kriegt man schon, in dieser Firma ... Herr Mohr, sind Sie noch dran? Ok, aber ich glaub, wir warn ja sowieso durch – oder? Also dann – bis Montag!!
Klebst immer noch am Telefon: zwischen den Fingern, klingelnd: die Messingkettchen der antiken Öllampe – Mitbringsel deiner Frau ... *Recuerdos de la Alhambra* ...
Aber dann, gut vorstellbar: Ringelstett, in der Firma, wie er, den Hörer aufschmetternd, vom Sessel hochschnellt: der Rundgang ist fällig, der morgendliche, durch die Büros: Vertrauen ist gut, Kontrolle ist ...
Tschei-Aar, den borstigen Quadratschädel zwischen die Schultern gezogen, stiernackig: en Jungmänetscher, wie er im Buche ... äh, wollt sagen, in der FAZ steht:

Führungstalent, jung,
flexibel, dynamisch
mit langjähriger Personal-
erfahrung ...
energische Persönlichkeit,
mit Durchsetzungsvermögen,
unternehmerisch denkend, gewinn-
orientiert ...

Ja, os isser, dein Boss! Wo er jetzt wohl gerad wieder die Peitsche schwingt? In der Abwicklung, wahrscheinlich: *Umsatz*, meine Herrn, *Umsatz* ... ham'Sie heut schon an den *Umsatz* gedacht!!??
Abwesend tappst du ins Bad, wäschst dir zum x-ten Mal die Hände, kämmst dich vorm Spiegel: öliges Haar voller Schuppen, seit Tagen ungewaschen, wegen der Grippe, die du dir geholt hast, letzten Sonntag, auf der *Trimm-Dich*: Reproduktion der Arbeitskraft!
Augenfältchen, verästeltes Netz: am Strand, im Sommer, kerben weiße Keile die verbrannte Haut – Anas Genörgel: Wie du wieder aussiehst – als ob du keine Sonnenbrille hättest ... wie'n Zirkusclown!!
Mensch, was hast du nur für'ne Visage – guck sie dir genau an, im Spiegel! – kotzt einen direkt an!!
– Qué haces ... was machst du'n da? Langweile ... wie!? Ana plötzlich, mit Späherblick aus dem Schlafzimmer heraus.
– Ach Quatsch ... wer langweilt sich denn hier!? drömmelst du, verdrückst dich ins Wohnzimmer, schuldbewußt.
Die Gardinen auf, mit'm Ruck: verhangne Fenster, verschloßne Türen sind dir ein Greuel, sehr zu Anas Mißfalln!
Gegenüber: die Schieferdächer der Nachbarhäuser, silbriges

Grau, im dunstigen Himmel verlaufend – ein Baukran, der bedächtig kreist, dürrer Giraffenhals, blauweiße Schilder am Ausleger: Holzmann AG, Hochtief.

Durch Häuserlücken: Bagger reißen ruckend klaffende Wunden in Wiesenboden (*hier baut die Stadt Neu-Isenburg ein Bürgerhaus*). En Stück Grube: gelber, planierter Sand – Regenpelerinen, nässeglänzend, rammen Pfähle in den Boden: tock, tock ... terocktocktock ...
Der Fall Ringelstett: vorsätzliches Schüren von Unruhe, so hatte es der Betriebsrat genannt, Störung des Arbeitsfriedens – »Arbeitsfrieden«, auch son Wort!!
Und das in einer Situation, wo jeder Schiß hatte um den Arbeitsplatz (Jawohl Kollegen: *Schiss* – statt sie uns einfach zu nehmen, die Arbeit!!) – wo von Entlassungen die Rede war, von Automatisierung und Rationalisierung, wo Lokusparolen kursierten von Schwarzen Listen, eine Notiz erschienen war, im örtlichen Sprachrohr der Unternehmer, von der es hieß, sie sei von der Direktion lanciert, um die Belegschaft zu verunsichern:

> *Entlassungen und Kurzarbeit ohne Ende*
> Ein Ende der Krise oder ihr Abklingen ist im Wirtschaftsraum Frankfurt nicht abzusehen. Eher steigt die Zahl der Arbeitslosen und Kurzarbeiter noch an.
> Jetzt hat auch die Geschäftsleitung der TRC (Texas Regulator Company) Entlassungen und Kurzarbeit angekündigt. Betroffen von den Maßnahmen sind die mehr als tausend in Produktion und Verwaltung tätigen Mitarbeiter.
> Die Entscheidung der Gesellschaft wurde mit der anhaltenden Konjunkturschwäche undsoweiterundsoweiter.

Ach Schitt, schließt die aale Gardine, schlurfst in die Küche. Ana, am Herd hantierend, dampfumwogen – spitzer Blickpfeil von ihr zur Seite: Langweile ... eh!! sie schreckt zurück, siedendes Öl knattert, spritzt.
– Ach Quatsch! druckst du herum, irritiert – umarmst sie, wühlst dein Gesicht in ihr Haar, ihr schwarzgelacktes ... ahh! Sie wehrt ab, kratzbürstig: Komm ... déjame, der Reis ... Schleunigst machst du wieder kehrt, ziehst ab, in die gut Stubb – Ringelstett, der verdammte Arsch ... er geht dir nich aus'm Kopp!!
Mensch, was bist du für'n Idiot: gratulierst ausgerechnet *dem* zu seinem Sieg – ausgerechnet Tschei-Aar, der keine Gelegenheit ausläßt, um dir eins reinzuwürgen ...

Schrilles Reifenquietschen, im selben Moment, draußen vorm Fenster – schreckst hoch: Nee, war nix!
Starrst angeekelt: da wälzt er sich hin, der Pestwurm – bleiig furzend, schleimig-schillerndes Öl rülpsend – Pirellis, Feierstohns radieren durch Mark und Bein, Kawasukis fräsen, fichtelsachsig, Ambulanzen toben ... Sie verschwimmen vor deinen Augen, die vielfarbnen Höcker, werden gefältelt, stauchen sich ('ne Riesenschrottpresse in action!), Metallic-Lack knistert auf, zu unzähligen Haar-Rissen, kantige Placken, glassplittrig, springen ab, vom beulenden Blech ... spitze Schreie dazwischen, Kreischen voller Todesangst, während pechige Rinnsale lecken, Flammen züngeln, beißend-schwarzer Rauch aufsteigt aus dem gemarterten Wurm ...
Ach leckt mich!! frottierst dir die Augen (allergische Reizzustände des Lides, bedingt durch Abgase, aggressiven Staub, Ermüdung etc.) und schremelst zum Sofa zurück.

Begonnen hatte alles im Frühjahr – du erinnerst dich gut: morgens, vor der Betriebsversammlung, hattest du noch Romer getroffen, auf dem Parkplatz. Er fummelt gerad am Motor seines Vauwee, als du aussteigst: Moin ... na, was am Auto? – Nee ... Gotteswillen! Gesicht krebsrot, taucht er auf. Der Wagen läuft und läuft ... Hab nur den Verteilerfinger ausgebaut, sonst nix!
Denkst dir nichts Böses, willst schon gehn, da verstellt er dir den Weg: Den Verteiler, den bau ich jetz jeden Morgen aus ... jeden Morgen! flüstert er, sich umschauend. – Wieso das? – Also hörn 'Se mal – schon mal was vom Streik gehört, der Busfahrer? – *Herr Mohr*: wenn die Busfahrer streiken, dann klaun die Leute Autos, is doch klar, um abends nach Haus zu kommen!!
Siehst ihn an: soll das ein Witz sein oder was? Da packt er deinen Arm: Na, hab ich nun recht – man kann doch nich mehr vorsichtig genug sein, heutzutage?! – Also, Herr Romer ... ich weiß nich, ob das nötig ...
– *Aber sicher!* er läßt die Motorhaube zufallen, schepperdieschepper. Sicher ist das nötig: die Leute klaun doch wie die Raben, wenn Streik is ...

Später, vor der Versammlung, wer stolpert zu dir in den Fahrstuhl – der Mann mit dem Verteiler. Fickrig drückt er den falschen Knopf: Ach Herr Mohr ... man is ja schon ganz meschugge! Immer diese Ungewißheit: Entlassungen, Kurzarbeit ... rammdösig wird man noch, rammdösig!
Unter grellem Neon: schüttres Haar, die Stirne eine einzge Falte

– war Bomberpilot gewesen, unter Galland: Madrid, Guernica, Leningrad ... Jetzt bucht er Rechnungen am Terminal, die Buddel immer in Reichweite.
Gerammelt voll, die Kantine. Bleibt nur der Stehplatz, im Gang – na, schnurzegal, kannste dich wenigstens verdrücken, wenn nötig!
Aus der Blackbox: Krolls Stimme (seines Zeichens Vorsitzender des Betriebsrats): Begrüßungsritual – dann bittet er die »lieben Kollegen«, Rauchen und andre Laster einzustelln; dürft ihm selbst am schwersten falln, als Kettenraucher!
Rechenschaftsbericht: er machts short and sweet, spannt die Leut nicht allzulang auf die Folter – is ja klar: alles wartet gespannt auf den Bericht der Geschäftsleitung!
Hüsteln, Schwätzen, Stuhlgerücke – bis *er* das Wort ergreift, der *Allmächtige:* Dr. Schulze-Degenhardt, Herr und Gebieter über Pfründe, Spesenkonten, Privilegien – kaum reißt ers Maul auf, da trieft's: *Oil of Olaz*.
– ... ist es uns, zu unserem größten Bedauern, trotz allergrößter Anstrengungen, nicht gelungen, gewisse, wenn auch – wie ich meine! – verschmerzbare Einbußen für die Belegschaft zu vermeiden ...
Hat die Geschäftsleitung, nach langem – und ich muß sagen: schwierigem! – Entscheidungsfindungsprozeß ein Paket von Maßnahmen beschlossen ...
... wurde entschieden, im Bereich Finanzen und Verwaltung die Kurzarbeit einzuführen, wobei wir hoffen, daß diese, wie auch weitere flankierende Maßnahmen, dazu beitragen mögen, die Bilanz kurz- und mittelfristig ...
Romer, sich zu dir beugend, flüstert: Gottseisgetrommelt, keine Entlassungen ... nur Kurzarbeit!
Nur ist gut! denkst du, willst schon gehn, als die Bombe platzt: Krolls Stimme über die Lautsprecher – na, das klingt nich nach Friede, Freude, Eierkuchen!
– ... Brandstifter, falsche Propheten, Spiegelfechter!! Schlächtschwätzer, die ihr Süpplein kochen, an der Furcht der Kollegen ... um den Arbeitsplatz!!
Es thälmannt aufs Pult, bis auf den Gang hinaus: *Kolllegen,* von was ist hier die Rede? ... Herr Abteilungsleiter Ringelstett ... Herr Abteilungsleiter Ringelstett hat behauptet – und dafür gibts gute Zeugen! – die Geschäftsleitung sehe sich gezwungen, über kurz oder lang, die Zusammenarbeit mit dem Betriebsrat – jawohl Kollegen, mit uns! – aufzukündigen! Grund dafür: *Wir* ... der Betriebsrat, hätten uns nicht kooperativ genug gezeigt,

bei den Verhandlungen über Rationalisierungsmaßnahmen und Entlassungen ...
Aber der stärkste Tobak ... der stärkste Tobak, den der Herr Abteilungsleiter auf Lager hat: der Betriebsrat wolle, aus politischen Gründen – jawoll, aus politischen Gründen! – den Ruin der Firma!!
Kollegen ... Kollegen, bitte!! noch übertönt die Stimme den einsetzenden Tumult. Kollegen, der Betriebsrat ... der Betriebsrat, als eure gewählte Interessenvertretung, wird sich dies nicht bieten lassen ... ungeheure Behauptungen ... restlos aufgeklärt ... ich sage: *restlos!!*
Sind diese Behauptungen Privatmeinung des Herrn Ringelstett, ober aber, Kollegen, werden sie auch von der Direktion ... *Kollegen ... Kollegen ... bitte!!!*

Rallye zur Arbeit, wie üblich: 's Gaspedal durchgetreten, bis aufs Bodenblech – die Stechuhr läuft, time is money, o shit!!
Im Rückspiegel, dräuend: en Mustang – guck, wie er lichthupt und blinzelt, zornig, mit blutunterlaufnen Glotzern!! Jetzt nimmt er dich fast auf die Hörner – naja, der Klügere gibt nach: schon stingrayed er vorbei, haifischflossig – hinterm Steuer: die Peter-Stuyvesant-Generation – ein Zeigefinger, wenig damenhaft, zeigt auf den Sitz des Großhirns.
Mit flatterndem Puls in den Parkplatz eingebogen, die letzte freie Lücke erspäht – schon sprintet man die Stufen hinauf, zum Portal: Stechkarte ergriffen ... klingeling ... geschafft!!
Uff, jetzt aber runtergeschaltet, den kleineren Gang eingelegt – zum Teufel mit der verdammten Hetze! Aber es wird nix draus: kaum sitzt du auf deinen vier Buchstaben, wer ruft an – Tschei-Aar natürlich, der zum Mietink läd: Aber geschwind, Herr Mohr, wir warten schon ... bei mir im Büro!!
Deinen Seufzer kriegt er gerad noch mit: Hörn' Sie, zwingen kann ich Sie natürlich nicht ... aber unter uns: *ich* an *Ihrer* Stelle würd mir die Zeit nehmen!
Ringelstetts Taktik: nie fehlt er, der drohende Unterton, in seiner Stimme: scheitert der Termin an Mohr, dieser unwiederbringlich letzte Termin, so hat der für alle Folgen einzustehn.
Und dabei raus kommt – en feuchter Staub! Wie gehabt, monologisiert er über seine fixe Idee: die *»Freie«* oder auch *»Soziale« Marktwirtschaft.*
– Denn eins muß wohl jedem klar sein! durchdringender Blick auf Mohr, den geknickten. Zwingt man die Unternehmer,

Leute einzustelln – egal von welcher Seite: ob von Staat oder von Gewerkschaft! – dann könn' wir uns bald begraben lassen ... dann isse zum Teufel, unsre Wettbewerbsfähigkeit ... auf dem Weltmarkt! Tschei-Aar gerät in Rage: wie ein Hahnenkamm steht sie ab, die Bürste über der Faltenstirn.

– Die Abbeitslosen ... sicher sind die ein Problem, streit ich nich ab. Aber sehn wir doch den Dingen klar ins Auge: die meisten von denen sind doch sowieso abbeitsscheu ... die wolln doch gakeine Abbeit ... die leben doch in Saus und Braus von ihrer ... – Also, nun machen Sie aber mal halblang! fährst du dazwischen. Bei über zweimillionen Arbeitslosen könn'Sie doch nich von ...

– Is doch mein Reden, Herr Mohr ... is doch mein Reden! Daß gerade Sie mich immer unterbrechen müssen ... Der Staat müßte sorgen, für solche Leute – sowas könn'Sie doch nich der Wirtschaft aufbürden, durch Abbeitszeitverkürzung! – der Staat müßte Betriebe einrichten ... oder was weiß ich!

– Also 'ne Art Arbeitsdienst?!

– Ach Quatsch ... darum gehts doch nich ... daß gerade Sie mich immer mißverstehn müssen! Letzendlich gehts darum: die Betriebe freizuhalten, von solchen Leuten – das versteh *ich*, unter *Freier Marktwirtschaft!!*

Also wirklich, manchmal glaub ich, ich bin der einzge ..., hilfesuchend blickt er sich um, in der Runde, der einzge Idealist hier! Dabei gibts doch nur eins, heute: die Bewahrung der Freien Makktwirtschaft ...

Sehn Sie, Herr Mohr, wenn wir drüben leben würden, in der Zone – na gut, dann könnte man auch nichts dran ändern – dann wärn wir eben kommunistisch! Aber wir leben nun mal hier, in einem freien Land ...

(*Freies Land?!* Mein Gott, is der so blöd ... oder tut er nur so? Nennt diese Flickokratie, diese Demokratur en freies Land!! Wo dich im Betrieb jeder, der, wie er!, en bißchen was zu sagen hat, anpissen kann! Und man darf noch nich mal piep sagen, sonst fliegste ... Schöne Freiheit, muß ich schon sagen!)

– Dabei is doch klar: Gewekkschaften und Betriebsrat, die wolln immer nur das Eine: keine Rationalisierung, keine Entlassungen, und die Wirtschaftlichkeit der Betriebe, die geht dabei zum Teufel!

– Herr Ringelstett ... vielleicht sollten wir mal an die Wirtschaftlichkeit unsres Arbeitskreises denken!

Verkniffner Blick, dünnes Grinsen: Jaja, Herr Mohr, Sie fühln sich auch sehr clever ... Aber verlassen Sie sich drauf: einige

werden sich hier noch gewaltig umgucken, in den nächsten Monaten ... gewaltig, das sag ich Ihnen!
Die Sache mit Kroll jedenfalls, von der Betriebsversammlung, die geht ersmal vors Abbeitsgericht – endlich bleibt die Geschäftsleitung mal hart, wurd auch Zeit!
Und dann musser ja rausrücken, der Betriebsrat, mit seinen Zeugen! Dann komm'sie ans Licht, die Buschtrommler! Dann kriegen wr sie endlich zu fassen ...

Traum: Du stehst an der Kasse, im Buchladen?, ziehst die Brieftasche, willst zahlen – da, was issen das? Schnipsel fallen dir entgegen, nichts als Papierschnipsel: Schiffe, Koofmich-Köppe, Burgen ... alles fein herausgeschnitten, aus Banknoten.
Dein erster Gedanke: *Markus!* Den Scheiß kann nur wieder der Junge ...Durchs Schaufenster siehst du ihn: unbekümmert balanziert er auf dem Bordstein. Wie sollst du jetzt berappen, verdammt nochmal? Trmm, trmm, trmm! ladenschwengeln Verkäuferfinger, auf der offnen Kasse.
Voller Wut reißt du die Tür auf (dein Guardia-Civil-Gesicht, wie dir Ana oft vorwirft!), rufst den Jungen ins Geschäft: Na, der kann was ...
Meingott! die Hand fällt dir runter, kraftlos: ein ahnungsloses Kindergesicht lächelt dich an, vernarbt, zerschlagen: Ja Papi ... was issen?
Schweißnaß erwachst du, hämmernder Schmerz in der Brust.
Als erstes nächsten Morgen: Forschen im Gesicht des Jungen: Nein ... keine Spuren ... keine äußeren Spuren ...

Schleimscheißer ... aale Schleimscheißer, verfluchte! Die könn' mich hick ...mal, aber kreuzweise! Nur weil man hier ... hick im Kabuff sitzt. Dabei tut man seine ... Pflicht, rechnet ... hick hunderttausend ab, schon inner ersten ... Woche, und was ... passiert? Nix ... absolut nix! Kein Schwein kümmert sich auch nur die Bohne ... hick!
Verraten un verkauft is man hier ... verraten und verkauft ... aber damit is jetz Schluß ... Schluß is damit!! ihr Zeigefinger zieht einen entschiedenen Strich durch Rauch und Camel-Mief. Glaubt Ihr denn wirklich, die Franz, die dumme Kuh ... hick, hält still – 'n Scheißdreck wird'se tun, 'n Scheißdreck! Eines Tages, da schmeiß ich den Laden hin ... und dann ... dann könnt Ihr zusehn, wo Ihr bleibt! Ohne die Franz jedenfalls ... ohne die Franz ... Romer, behutsam, nimmt ihr das Bierglas ab.

– *Waas* – Ihr glaubt doch woll nich, die Franz is besoffen, wie? sie richtet sich auf, starrt auf die ältere Frau, ihr gegenüber. – Ach woher denn, wie kemme mer denn dazu! protestiert die, etwas lahm. Trotzdem ... Schluß is! Jetz dringe mer noch e'Tass Kaffee, und dann mach mer haam! Oder – was meine'Sie, Herr Mohr?

– Gute Idee ... und hörn'Sie, Fräulein Franz: wenn Sie Ihr Auto stehnlassen wolln – ich fahr'Sie gern! Is ja ein Weg. – *Ich* ... mein Auto hick ... stehnlassen?! Da lache ja die Hühner ... lachen da! hackt die Franz zurück. Nee, kommt gar nich inne Tüte! für Momente sackt sie zusammen, ruckt dann wieder hoch: Ihr glaubt doch woll nich im Ernst ... hick, die Franz is besoffen, wie? ihr Zeigefinger sticht auf dich ein. Nur elend is mir ... hundeelend, seit der Haller, dies Arschloch, mich angeblafft hat, heut morgen ...

– Der Haller ... wieso?

– Kommt der hier rein ... hick, dies Arschloch, dies blöde, und schreit mich an: ich soll gefälligst das Fehlerprotokoll ... soll ich gefälligst! Da säß ich schon ne Woche mit'm Hintern drauf.

– Also des hatter nich ... Hintern hatter nich ..., die Ältere, wagemutig.

– *Sie* ... Sie sollten mal ganz still ... sollten Sie mal!! Sie müssen dem ja immer die Stange ... *Hintern* hatter gesagt, jawoll! Hintern – so kanner vielleicht mit seiner Alten ... aales Landei, dämliches! Über meinen Hintern, da is nämlich nix zu sagen ... gut in Form ist der noch ... hick, gut in Form! schwankend steht sie auf, die Franz, zupft ihre Jeans zurecht – hautenge Samtfutterale ... braucht man bestimmt ne Kneifzange zu!

– Der Haller ... der hat das bestimmt nich so gemeint! wirfst du ein.

– *Waas* ... wie meinen'Se das: nich so gemeint? – Daß ich nich kichre ... hick! Sie sind doch naiv ... sind Sie doch, naiv! – Also hörn'Sie mal ... hörn'Sie! überrumpelt, kommst du ins Stottern. Wie kommen Sie darauf?

– Wie ich dadrauf – na, da werd ich Ihnen mal was ... werd ich Ihnen! Sagen Sie nich immer, auf den Haller, da kann man sich verlassen ... hick, das sagen Sie doch, oder? Letzte Woche – Sie warn gerad in Hanau, inner Fabrik! – da war Ringelstett bei ihm, in seinem Glaskasten ... und hat ihn ne halbe Stunde ausgefragt – aber mindestens! – über Ihre Beziehungen zum Betriebsrat und so ... Die glauben ja immer, durch das Glas hört man nix – mindestens ne halbe Stunde! – ob Sie Vertrauensmann wärn, vonne Gewekkschaft undsoweiter.

Stille plötzlich, alles horcht gespannt auf; die Franz zieht die Notbremse: Naja ... kann mich ja auch ... hick verhört haben ... Auf Romer, jetz trinken wir noch einen ... auf! Ruf den aalen Itacker an: er soll uns noch'ne Runde reichen, durchs Fenster!
– Neenee du ... laß mal!
– Schleimscheißer ... alles Schleimscheißer! die Franz richtet sich auf, taumelig, ihr hübsches Gesicht jetzt grau, als sei sie auf alt geschminkt. Sie stakt den Büroschlauch hinunter, einige Male aneckend, und ist zur Tür raus. – Gehn Sie ihr lieber mal nach! meinst du, zu der Älteren gewandt.
– Ja Erna ... geh ihr lieber nach! echot Romer.

Im Sommer musses dann gewesen sein, en paar Tage nach dem Urlaub, wen triffst du wieder, auf dem Parkplatz – Romer natürlich.
Diesmal poliert er die Scheiben, wie'n Besessener, halb auf dem Vordersitz liegend, kaum daß er dich eines Blickes würdigt, als du kommst.
Da siehst du den Dolch in der Seitentasche der Wagentür – ein riesiger Jagddolch!
– Mensch Romer, frozzelst du, Sie sind ja schwer bewaffnet!? – *Ich* ...wieso? – Ach, der Dolch da. Naja, was bleibt einem anneres übrig, heutzutag! schnaufend arbeitet er sich hervor, aus der Blechhöhle, frottiert die Scheiben von außen. Man is sich doch seines Lebens nich mehr sicher ... mit all dem Terrorismus und so!
– Ja, und Sie meinen, mit dem Dolch ...
– Aber sicher, was denken Sie? Stelln'Sie sich vor: letzlich muß ich halten, anner Friedensbrücke, und was meinen Sie, was da passiert? – Na, da komm'Sie bestimmt nich drauf? Plötzlich reißt einer meine Tür auf, von außen! *Wer* – ja, wenn ich das wüßte ... War nämlich stockdunkel – aber *gefühlt* hab ich ihn ... *gefühlt!*
Ja, sehn'Sie – und was hätt'ich tun solln, in dem Moment ... wenn der sich auf mich gestürzt hätte, was hätt'ich tun solln, ohne Dolch? Aber so: *blankgezogen* ... und immer zugestochen, immer zugestochen!! Romers Faust, ein imaginäres Messer haltend, stößt heftig nach deinem Magen.
– Naja, Herr Romer, dann noch'n schönen Abend! klemmst dich hinters Steuer, ohne allzu große Hast, und radierst schon um die Ecke.
Tags drauf, kaum sitzt du am Schreibtisch, da platzt er zur Tür

rein: Sagen Sie, Herr Mohr, diese Geschichte mit Kroll – was halten Sie eigentlich davon? – Na, Sie wissen schon ... das mit Ringelstett, kurz vor Ostern! Also, ich muß schon sagen: in dieser Firma is auch immer was los, nie hat man seine Ruhe ... *Nie!!*
– Tja, wissen Sie, was soll man dazu ...
– Na, der Betriebsrat, der will doch jetzt vors Arbeitsgericht!
– Der Betriebsrat, wieso? Es hieß doch immer, die Direktion wollte ...
– Achwas ... die warn doch schon bereit, sich zu einigen, gütlich. Jetzt muß der Kroll wieder querschießen ... natürlich! Bis zum bittren Ende willers durchfechten ... bis zum bittren Ende!
– Naja ... das mit dem »Ruin der Firma« – war ja auch kein Pappenstiel.
– Ach was, darum gehts doch nich! Der Kroll, der will nur mal wieder'n Sieg an seine Fahne heften, weiter nix! Und wir, wir müssens dann ausbaden ...
– *Wir* ... wieso?
– Na, wenn sich das Klima verschlechtert, zwischen Betriebsrat ... und denen da oben. Und warum – nur weil der Kroll, der ... der Kommunist, mal wieder ...
– Also, nun machen Sie mal halblang! Sie lägen doch schon längst auf der Straße, wenn der nicht Betriebsrat wär ... Haben Sie schon vergessen, wie er sie rausgepaukt hat, das letzte Mal?
– Naja sicher, sag ich ja nix, Romer kleinlaut. Andererseits: überlegen Sie mal, man liefe wegen jedem Scheiß gleich vors Arbeitsgericht ... wo käm'wer denn dahin!

Aber selbstverständlich, Herr Ott! Natürlich tun wir alles, was in unsern Kräften ... Aber wem sag ich das, Sie kenn'die Situation ja besser als ich, mit Gußteilen ... Klar, Herr Ott, sobald die Ventile rauskommen, aus der Produktion, per Expreß ... schon notiert! Also, bedanke mich ... Wiederhörn ... Wiederhörn!
Legst den Hörer auf, siehst Ringelstett an, der gerad zur Tür reinkommt: Also, heut is wirklich der Wurm drin: schon wieder der Ott, von Buderus ... als ob er wüßte, daß wir kurzarbeiten!
Um Gotteswillen! Nur nichts erwähnen, von Kurzarbeit! Dazu is ja der Notdienst, damit die Kunden nichts mitkriegen!! Also nochmal: kein Sterbenswort ... von Kurzarbeit!

(*Notdienst* ... schöner Notdienst! lachst innerlich auf, verbittert. Die Kollegen sitzen zuhaus, drehn Däumchen, und du, du springst hier von einem Telefon zum andern, wie'n Zinshahn!)
– Wieviel Anrufe warn's denn schon, heut? Tschei-Aar, die Heftmaschine greifend, hockt sich auf deinen Besucherstuhl.
– Naja ... so dreißig, davon sechs Export.
– Sagen Sie! nervös läßt er die Maschine auf- und zuschnappen. Die Sache da, zwischen mir und Kroll – wie stehn Sie eigentlich dazu?
– *Ich* ... also, ich muß sagen ... ich hab mir da noch keine großen Gedanken gemacht!
– Hörn'Sie, 'ne Meinung müssen Sie doch haben!
– Ja ... schon. Wissen Sie, es wird soviel geredet, in diesem Laden ... wenn man da wegen jedem Schitt gleich vors Gericht ...
– Sehn'Sie, das ist auch meine Meinung ... und ich bin sicher, so denkt auch die große Mehrheit, hier im Haus ...
(*Mensch Mohr,* was bist du für'n Idiot – hast du nich eben den gleichen Mist dahergeredet wie Romer, vor'n paar Wochen!)
– Also, die Situation ist die – Ringelstett fixiert dich scharf –, ich soll jetzt einen Bericht verfassen, für die Direktion ... mit allen Einzelheiten. Hab aber total vergessen, wo sie gefallen sein könnten, die verdammten Äußerungen! Sagen Sie ... ich meine, 's müßte hier passiert sein, hier bei Ihnen im Büro!!
– *Hier* ... wie komm'Sie dadrauf?
– Erinnern Sie sich mal, als wir in diesem Raum über Abbeitszeitverkürzung diskutiert ham ... vor Ostern musses gewesen sein! Sie warn dabei, der Haller – sagen Sie, der Haller ... hat der eigentlich gute Kontakte zum Betriebsrat? Vorn paar Tagen komm ich in die Kantine – wer sitzt da, mit Kroll, an einem Tisch? Der Haller.
– Also, wenn Sie das meinen – ich ess' auch öfter mit Kroll.
– Naja, lassen wir das! Seh schon, hier kommt man nich weiter! vergrätzt knallt er die Heftmaschine auf den Tisch, stürmt zur Tür raus.
Stille, plötzlich – geht einem direkt aufs Gemüt. Starrst das Büro runter: Schreibtische, vor sich hindösend, fleckig, zerkratzt; Schubladen reißen die Rachen auf, schiefmäulig; Gestühl müffelt; auf Fensterbänken, unter einer Staubschicht: gilbende Listen, kümmernde Pflanzen ...
Uff, ich ersticke! Luft ... nur Luft!! Alles verkrampft sich in dir, verspannt. Springst hoch, reißt das Fenster auf: Soll das wirklich hier gewesen sein ... in euerm Büro?!
Tief atmen! Vor dir, kaum nimmst du's wahr: das verwilderte

Gartengelände, *Heymanns Lust* genannt, nach dem Baulöwen, der sich hier die Nase vergoldet hat.
Brombeergestrüpp & Efeuranken, schon nagen sie wieder an bröckelndem Beton, Asphalt – Tapferkeit des Chlorophylls, wer hat das doch gesagt!?

– *Papi … sieh mal:* die vielen Vögel da, überm Wasser! Wo komm'die'n alle her, heute … *so viele?!*
Sonntagfrüh. Du bummelst mit Markus am Sachsenhäuser Ufer. In der Kaimauer: die Sandsteintreppe – öliges Wasser schwappt über ausgetretene Stufen. – Kuckma … wozu is'n das da? – Die Treppe – ich nehm an, da ham früher mal Boote angelegt … Fischerboote. – Fischerboote … wirklich?
– *Du, sieh mal hier:* die vielen Viecher!! Markus, fasziniert, beugt sich über die Mauer. Tatsächlich: dicht an dicht ringelt es sich in der Brühe, Millionen Würmer, fingerlang: Spulwürmer im Anus Mundus.
Vorm Postmuseum, das Telefonhäuschen aus der Gründerzeit, gußeiserne Ornamentik, leuchtend gelb gestrichen. Dicht davor, seht ihr die zerbrochnen Scheiben, Telefonbücher zerfetzt, der Hörer abgerissen, und stinken tut's wie'n Pissoir.
Später, zu Haus, öffnet euch Ana die Tür. – *Mami* … stell dir vor: wir haben Würmer gesehn … Ringelwürmer! Trilliarden und Trilliarden!! überfällt Markus sie. – El qué … was hast du gesehn, chatico? sie umarmt ihn, zärtlich.
– *Würmer,* Mama … muchos gelbe … die ringelten sich da, im Fluß! Und gestunken hats!! – Brr … igittigitt! schüttelt sie sich, ihren Ekel übertreibend.
– Und weißt du was: das Telefonhäuschen, das alte!, von dem du angerufen hast, letzten Sonntag, das ham sie … ham sie ganz kaputtgemacht! – Oh … schade.

Tags darauf Mietink in der Fabrik – Thema: Lieferverzug. Sitzt mit Gruber zusammen, in der Produktionssteuerung. Ort: der winzige Sitzungsraum, durch Glaswände vom Hauptbüro getrennt. Trotzdem, die Unruhe, draußen, steckt an – ihr wollt und wollt nicht zu Potte kommen.
– Aufgepaßt … gleich gehts rund! Gruber da, plötzlich. Der Warnstreik – gleich isses soweit! – wegen Kündigungen und so. Steckt natürlich der Betriebsrat hinter … völlig klar! Ohne den läuft hier sowieso nix – und schon gar keine »spontane Arbeitsniederlegung«!
– *Kündigungen* … wieso? Ich denke, es gäb keine! – Ja, bei euch nich, in Frankfurt … aber hier schon. – Na und, weiß man

schon, wer? – Ja, ich, zum Beispiel. Gruber sagt das so unbeteiligt, als spräche er von einem entfernten Bekannten.
– *Sie ... im Ernst?* – Ja, letzte Woche hab ich sie gekriegt, die Kündigung! sein Gesicht jetzt offen, völlig schutzlos.
– Na und ... was tun Sie dagegen? – *tun* ... was wolln sie dagegen tun? Sind halt »betriebsbedingte Kündigungen«.
Peinliches Schweigen, dann wieder du: Wie lang sind Sie denn in der Firma? – Ich ... im Oktober werdens zwölf Jahr. – Na ... und die Gewerkschaft ... oder der Betriebsrat? Mensch, Sie können doch den Karren nicht einfach so laufen lassen!
– Gewekkschaft ... Betriebsrat! bittres Auflachen von Gruber. Die tun doch auch nur was für ihre Leute! Das isses ja: die ganzen Jahre hab ich mich rausgehalten, aus dem Gewekkschaftskram, hab mir gesagt: Tu du nur deine Arbeit ... deine Pflicht, dann kann dir auch nix passieren – und jetzt dies!
– Naja ... geht ja wieder langsam bergauf, mit der Wirtschaft, brichst du das Schweigen, nach einer Weile. – Sicherlich ... klar, irgendwas wird sich schon finden – aber's fällt doch schwer, nach so langer Zeit. Und dann: in unserm Alter!
– Menschgruber ... wir sind doch kaum vierzig! – *Eben!* meint Gruber, zerquält.

– *Auf gehts ... ihr Leut!!* dringt plötzlich die helle Stimme den Saal draußen, wie'n Schnitt in den grauen Büroteig. Und schon strömts herein, von der Fertigung, durch aufberstende Schwingtüren: Heller Lichter Haufen, bundschuhig verwegen – an der Spitze: ein Schwarzgelockter, quicklebendig.
– Des is Camacho, 'n Spanier ... der is noch radikaler als der Kroll bei euch! Gruber hinter dir, tuschelnd.
– *Auf gehts, ihr Leut, aufauf!!* Camachos triumphierende Stimme durch die Scheiben. Lachend schwenkt er ein Schild: *Für Arbeitszeitverkürzung!* steht drauf, in roter Schrift, und: *Gegen Unternehmerwillkür!*
Anfangs: betretene Gesichter bei den Schlipsträgern, auch Ablehnung, Proteste werden laut, aus verschiedenen Ecken – bis sich der erste erhebt, trotzig fast, um sich denen in Blaumännern und Schürzen anzuschließen, dann eine ganze Gruppe Weißkittel folgt, wie auf Kommando.
Im Nu ist er leer, der Saal, während sich der Strom in den Hof ergießt, vornweg: die helle Stimme des Spaniers, rote Plakate wie Treibholz mitschwemmend, Nachzügler mitreißend, die erst zögernd aus Türen und Toren tröpfeln, dann hinterhereilen – bis alles, wie ein Spuk, um die Ecke der Werkhalle verschwindet.

Stille – einzelne Zurückgebliebene stecken den Kopf in die Akten. Gruber sitzt da, döst wie erstarrt, bis du ihn rausreißt: Hörn'Sie ... wenn Sie teilnehmen wolln – lassn'Sie sich durch mich nich aufhalten!
– Tja, weiß nich – rausgeschmissen werd ich sowieso ... und mach ich nich mit, meckern die Kollegen auch wieder.
– Also, dann gehn'Sie schon! Am liebsten würd ich ja auch – aber's geht woll schlecht: in Frankfurt arbeiten ... und bei euch streiken.
– Wie Sie wolln ... also dann: bis nachher!
Unschlüssig blätterst du in den Computerlisten – fällige Lieferungen hattest du rot markiert: Na, kann ja heiter werden, mit den Rückständen, wenn die Streiks andauern! Frottierst dir die Augen: ne Zumutung, dies Kohlepapier – vierte Kopie kaum noch lesbar!
Sowas Blödes, nich mitzugehn ... hast wiedermal Schiß gehabt! Wetten, daß dir mal das Gleiche passiert wie Gruber! Bleibst hier auf deinem Arsch hocken, während andre demonstrieren ... nich zu fassen!
Stehst auf, reckst dich – nix wie raus, aus dem verfluchten Glaskasten! Die andern haben sich in die entfernteste Ecke zurückgezogen, heftig diskutierend. Da, gerad willst du aus der Tür, wer kommt auf dich zu – Romer! Was macht der'n schon wieder, in der Fabrik?!
– Na, Herr Mohr, was muß ich sehn: nicht bei der Demo? – So isses ... und warum kneifen Sie? – Hörn'Sie, ich hab mit sowas nichts am Hut! Oder glauben Sie im Ernst,mit Streik ändern Sie was ... an Entlassungen und so? – Ändern vielleicht nicht, aber man wehrt sich doch.
Unfug, alles Unfug ... dies ganze Demonstrieren! Macht die Sache nur noch schlimmer ... und stelln'Sie sich vor, Sie werden bei sowas fotografiert! Auf'm Schlauch stehn'Sie dann ... auf'm Schlauch!
Da läßt du ihn stehn, fast grußlos, und ziehst ab, in die Produktion.

Keine Menschenseele, die Riesenhalle still, alles ruht. Irgendwo sprudelt noch Wasser, in einem Testbecken, perlt, hellgrün fluoreszierend. Am Gang entlang: Ventilkörper aus Guß, übereinander gestapelt, rötlich oxidiert; Blechkästen mit Schrauben aller Größen, Spiralfedern, silbrig blinkend, mattschwarzen Gummimembranen. Aus dem Prüffeld: Summen von Relais, im Dauertest.

Wo sie nur stecken mögen – vor der Verwaltung ... oder am Haupttor? Idiotisch, jetzt hinter ihnen herzulaufen! Statt sofort mitzugehn! Sieh an, sogar die Lageristen machen mit, diesmal – da stehn sie, die Gabelstapler, einsam und verlassen ...
So, und hier der Ausgang ... links durch die Stahltür! Da strömts dir schon wieder entgegen, scharenweise, in debattierenden Gruppen und verläuft sich rasch in den Hallen: the party is over!
Ne Woche später hat's dich dann erwischt: Grippe. Hockst zu Haus, mußt krankspielen.

Edmund Möller

Tag für Tag ...

»Das soll Humanisierung sein? Daß ich nicht lache. Den ganzen Tag immer die gleichen Handbewegungen. Und jetzt können wir nicht einmal mehr miteinander reden. Damit ich am Tag überhaupt noch eine menschliche Stimme höre, habe ich mir ein Radio mitgebracht.«
»Was geht eigentlich in den Köpfen von Konstrukteuren oder Arbeitsgestaltern vor? An den OKU-Automaten schaut man den ganzen Tag gegen eine Blechwand. Dabei alle paar Sekunden immer die gleichen Handbewegungen. Und nur mit der rechten Hand. Nach ein paar Stunden schmerzen die Gelenke fürchterlich.«
Die Arbeit an den beiden Arbeitsplätzen, über die die Frauen reden, ist die gleiche. Bei der Firma Voss in Wipperfürth müssen Hydraulikverschraubungen zusammengesetzt werden. Am ersten Platz wird eine Mutter in eine rotierende Vorrichtung eingelegt, ein Schneidring hinzugefügt, das Gegenstück daraufgehalten und festgeschraubt. Das ist der ganze Arbeitsvorgang. Je nach Größe der Verschraubungen müssen die Frauen – im Akkord – sieben- bis neuntausend Stück pro Schicht schaffen. Hierbei sind noch beide Arme in Bewegung.
An den OKU-Automaten wird nur noch das Winkel- oder T-Stück der Verschraubung gegen die rotierende Mutter geführt. Sie selbst und der Schneidring werden automatisch in die »OKU-Montagevorrichtung zum halbautomatischen Ver-

schrauben«, wie die Maschine im gestelzten Deutsch heißt, eingelegt. Zwar kann an diesem Automaten im Stehen oder Sitzen gearbeitet werden, doch zur Ausführung der Arbeit wird nur noch die rechte Hand benötigt.

An den Arbeitsplätzen sollten die Arbeitsbedingungen verbessert werden. Darüber waren sich Betriebsrat und Firmenleitung einig. Doch während der Betriebsrat daranging, Vorschläge für die Verbesserung der bisherigen Arbeitsplätze zu erarbeiten, hatte die Firmenleitung schon die ersten OKU-Automaten bestellt. Der Betriebsrat und auch die betroffenen Arbeitnehmer wurden vor vollendete Tatsachen gestellt. Sie wurden vorher nicht informiert.

»Wir werden immer vor vollendete Tatsachen gestellt«, erzählt eine der Arbeiterinnen. »Uns fragt keiner, wenn Arbeitsplätze neu- oder umgestaltet werden. Dabei wissen doch wir, die wir die Arbeit machen, am besten, wo etwas verbessert werden müßte.« Das ist wohl nicht von der Hand zu weisen.

Den OKU-Konstrukteuren war es immerhin gelungen, fast alle ergonomischen Grundkenntnisse außer acht zu lassen. Heute sind nach vielen, vielen Umbauten die Arbeitsbedingungen besser, aber noch längst nicht akzeptabel. Das »Lehrgeld«, das hierfür zu bezahlen war, hätte man besser in Verbesserungen an bisherigen Arbeitsplätzen gesteckt, die von den Beschäftigten vorgeschlagen wurden.

Der Betriebsrat hatte sie frühzeitig auf den Tisch gelegt. Und dabei hat er es nicht bei Beschreibungen gelassen, sondern auch detaillierte Zeichnungen erstellt. Vorgesehen waren, die einseitige Tätigkeit des Montierens durch Erweiterung des Arbeitsumfanges zu mildern. Zusammengefaßt werden sollten die Arbeitsvorgänge montieren, verpacken und etikettieren. Außerdem sollte die Möglichkeit geschaffen werden, die Arbeit wechselweise im Sitzen oder Stehen erledigen zu können.

Doch auf diese Vorschläge reagierte die Voss-Geschäftsleitung so, wie es Brauch bei deutschen Unternehmern ist: Sie ignorierte die Vorschläge. Sie ging wohl von der Vorstellung aus, daß alle Vorschläge zur Arbeitsgestaltung nichts taugen, wenn sie nicht von der Geschäftsleitung initiiert werden.

Die Voss-Geschäftsleitung setzte weiter auf OKU-Automaten und installierte noch einige dazu. Auch wenn die schon produzierenden die vom Hersteller versprochene Leistung überhaupt nicht brachten.

Mit dem Betriebsrat wurde sich die Geschäftsleitung nicht

einig. Schon gar nicht über den Vorschlag, an den Automaten auch noch Akkordarbeit einzuführen. Was aber tun, wenn man sich nicht einigt und der eigene Verstand versagt? Man bestellt einen Wissenschaftler. Das machte auch die Voss-Geschäftsleitung.

Professor Hettinger aus Wuppertal rückte mit seinen Assistenten an und begab sich an die Arbeit. Da wurde das Klima, die Beleuchtung, Lärm, Vibration, die Pulsfrequenz und deren Energieumsatz gemessen. In langen Tabellen und Diagrammen wurde alles fein und säuberlich festgehalten.

In seinen »Schlußfolgerungen« kam der Wissenschaftler dann auch zu dem Ergebnis, das von ihm erwartet wurde. Für ihn ist die Arbeit an den Automaten »eindeutig eine Verbesserung«. Warum das so ist, wurde zwar nicht so ganz deutlich, denn die »Belastung und Beanspruchung« liegt an den beiden Arbeitsplätzen »weit unterhalb der sogenannten Dauerleistungsgrenze«. Um das zu erkennen, muß man kein Wissenschaftler sein und auch nicht diese Messungen vornehmen.

Seine Empfehlungen sind dann auch weitgehend »kleines Ergonomieeinmaleins«. Da soll die Stuhlhöhe individuell angepaßt werden« und »genügend Beinfreiheit« sein, sowie die »Auflagefläche für die Füße veränderbar« eingerichtet werden. Wie aber die einseitige Belastung und das Monotonieproblem zu beseitigen sind, da machte Hettinger die gleichen Vorschläge, die bereits der Betriebsrat gemacht hatte.

Im Werk munkelt man, daß für das »Gutachten« 15000 Mark gezahlt worden sind. »Hätten die uns das Geld gegeben, wir hätten vernünftigere Verbesserungsvorschläge gemacht«, meint sarkastisch eine der Frauen, die sich darüber beschweren, daß ihre Klagen im Gutachten unberücksichtigt blieben.

Die Anliegen dieser Frauen wurden von Hettinger mit dem Satz abgetan: »Es ist keine neue Erkenntnis, daß neue Arbeitssituationen eine, zumindest lästige, Umgewöhnung erfordern, daher in der Umgewöhnungsphase eine größere Belastung und Beanspruchung erfordern und daher teilweise abgelehnt werden.« Die Frauen jedenfalls haben nicht das Gefühl, daß nach der »Umgewöhnung« ihre Arm- und Rückenschmerzen nachgelassen hätten.

Jetzt hat die Voss-Geschäftsleitung auch die alten Arbeitsplätze »verbessert«. Rollenbahnen wurden montiert, auf denen die Materialkästen transportiert werden können. Dafür fiel immer

Grafik: Ernst Pötter, Werkstatt Mülheim

ein Arbeitsplatz weg. Jetzt sitzen die Frauen einige Meter voneinander entfernt und jede sieht auf den Rücken der anderen. Miteinander reden können sie nicht mehr. Die gleiche Situation wie an den Automaten. Nur die Zeiten sind noch um eine hundertstel Minute günstiger.

Heinz Milloth

Opportunogramm 115

I. Er hatte die Endstufe seiner Inkompetenz
noch nicht erreicht. So glaubten sie
enorme Manager-Tugenden (Verhandlungsgeschick
Unverbindlichkeit, Stehvermögen) bei ihm
zu erkennen, was ihn schließlich
unaufhaltsam nach oben schwemmte
– du kennst die Sorte –
gaben ihm die CHANCESEINESLEBENS und
übertrugen ihm die Leitung des Zweigwerkes.
Schon taktisch gewieft, bestückte er die
Ebene unter sich mit unterdurchschnittlich
begabten Führungspersonen, um sicher zu gehen
daß keine ihm das ach so schale Wasser
reichen könne, setzte sie in
Wettbewerb zueinander, zeigte fortan
mit dem Daumen nach unten und
teilte und herrschte, denn:
Er war ein Wichser.

II. Derzeit baut er die Dienstwege
dreispurig aus, errichtet Vorzimmer-Hürden
schafft unermüdlich kühne Satzungen über das
verfügbare ICH, hängt den Parteimantel in die
veränderte Windrichtung und schlüpft in der
Betriebsversammlung in soziale Basisgewänder
– du kennst die Sorte –
läßt sich von den Werkshandwerkern
keß-zielstrebig sein Eigenheim hochziehen
umgibt sich mit deutlich schlichten
Statussymbolen, seine Haartracht der des
Vorstands-Vorsitzenden anpassend, versucht
das langsam zerbröckelnde Image zu wahren
erreicht die Endstufe seiner Inkompetenz
teilt und herrscht, denn:
Er ist ein Wichser.

III. Der wird – vom Charisma des
Konzernbosses hingerissen –
die Sparbeschlüsse mustergültig verwirklichen

der wird die Arbeitnehmer-Schutzrechte
beugen, wo er kann
der wird die Angst vorm Verlust des
Arbeitsplatzes düngen
die Betriebsratsarbeit austrocknen
– du kennst die Sorte –
der wird den DRUCKVONOBEN
bedenkenlos weitergeben
der wird aus dem Zweigwerk eine tadellose
Brutstätte von Duckmäusern machen
der sieht seine Zeit erst richtig kommen
der wird
teilen und herrschen, denn:
Er bleibt ein Wichser.

IV. Schau ihn dir an
schau in die irrlichtigen Augen
der ist angeschlagen, aber
der ist höchst gefährlich
schau ihn dir genau an
und vergiß nie:
der war, ist und bleibt
ein Wichser.

Heinrich Droege

Die Mäuse

Erst war es nur eine Maus. Eine schöne Maus, bräunliches seidiges Fellchen, das rötlich schimmerte in der Abendsonne; und erst die dunklen Knopfäugelchen! Er war regelrecht vernarrt in die Maus. Eine volle Stunde konnte er sitzen und sie beobachten, wie sie Käse knabberte, wie sie durchs Zimmer rollte. Manche sagen wuscheln, huschen, sausen; Helga sagte krabbeln. Krabbeln ist Quatsch, sagte er, Käfer krabbeln; Mäuse haben vier Beine und rennen, aber es sieht aus als rollten sie. Sie hat ein sehr waches, ein intelligentes Gesicht, voller Leben. Mäuse sind ekelhaft, sagte Helga, widerlich, pfui! Er erzählte ihr nie mehr von seiner Maus.

Er ging in die Stadtbibliothek und schlug im Lexikon nach, was über Mäuse geschrieben stand: Nager; Gruppe der Myomorpha, wirtschaftliche Bedeutung haben sie als Vorratsschädlinge – Krankheitsübertrager, Bedeutung auch als medizinische Versuchstiere und Objekte biologischer Forschung-: haben im Ober- und Unterkiefer je ein Paar wurzelloser, meißelförmiger Schneidezähne, die ständig weiterwachsen; Eckzähne fehlen, –.

Das reichte ihm nicht. Er fand ein Buch über Nager, darin alleine 69 Seiten über Mäuse. Auch viele Abbildungen. Er konnte sich nicht entschließen, welcher Art seine Maus zuzurechnen war. Er nahm das Buch mit ins Stellwerk, verglich seine Maus mit den Bildern, fand, seine Maus sei eine gemeine Hausmaus. Er fotografierte sie. Er konnte es kaum erwarten, bis der Film entwickelt war und er die Bilder sah. Abends zog er sich zurück und schob die Dias in den Projektor. Helga kam dazu, zog ihm das Stromkabel aus der Steckdose und sagte, er sei plemplem. Sie zog ihren Mantel an und ging. Er machte wieder Licht in seinem Projektor, stellte die Leinwand noch etwas weiter entfernt auf und betrachtete seine Maus.

Eines Tages kam die Maus auf seinen Stellplan, roch an Papier und Tinte, schnubberte und leckte auch an seinen Händen. Eine Woche später kam sie in seine Hand und fühlte sich da sichtlich wohl. Die Maus lebte üppig, verschmähte zuletzt Brot, fraß nur noch Wurst und Käse. Als er eine Erkältung hatte, Schleim in Nase und Hals, und beim Niesen seinen Auswurf auf den Boden spie, wuschelte die Maus aus ihrem Versteck heran und schlürfte diesen gelblichen Dotter. Zum erstenmal ekelte er sich vor der Maus. Aber war es nicht sein Schleim, den sie fraß? Sie ekelte sich vor ihm nicht.

Die Mönche zu Lodève in Gascogne erklärten eine Maus für heilig, die eine geweihte Hostie gefressen hatte.

Seit die Maus da war, ging er lieber zur Arbeit. Er saß ja immer acht Stunden alleine in seinem Stellwerk, hatte Signale zu bedienen und Weichen umzulegen. Manchmal kam über eine Stunde lang kein Zug vorbei. Besonders schlimm waren die Nächte. Er las viel. Jetzt hatte er seine Maus. Er hielt sich an seinem Arbeitsplatz eine Maus, wie andere Einsame in ihrer Wohnung Vögel und Hunde halten.

Er war 29 Jahre alt, hatte die Hälfte seines Lebens längst hinter sich. Er zählte nicht nach Jahren, sein Zeitgefühl war nicht chronologisch. In seiner Kindheit war ein Tag eine riesige Zeitspanne voller neuer Erfahrungen und Eindrücke; in der Jugend dann war ein Tag ein Tag, die Erfahrungen wurden weniger, die Eindrücke lauer; die Frauen waren sich ähnlich, die Orgasmen auch. Zum erstenmal das Meer gesehen, gerochen, geschmeckt, im Jahr darauf Palmen und unendlicher Sand. Auch das würde nur noch Wiederholung sein, wenn überhaupt. Jetzt verging ihm ein Jahr wie in der Kindheit eine Woche. Ewig das Gleiche. Der Weg zur Arbeit, die Arbeit, essen und schlafen, und ab und zu zwischen Helgas Schenkeln.

Lokführer hatte er werden wollen, sich den Traumberuf der Buben erfüllen. Während der Lehre fiel er nicht auf, machte eine gute Prüfung. Aber dann ging es nicht recht weiter, er war kränklich, zu sensibel, nervös; ein Lokführer braucht tadellose Nerven, sagte man ihm. Auch zu Hause hatte er Schwierigkeiten, er verstand sich mit seinem Stiefvater nicht. Nach einer Schlägerei mit dem Stiefvater zog er zu Hause aus, zuerst in eine unbeheizte Dachkammer, dann in eine Kellerwohnung. Der Traum vom Lokführer war aus, also wollte er Disponent werden. Auch daraus wurde nichts. Er hatte das Pech, die gleiche Frau zu lieben wie ein Vorgesetzter von ihm, und er hatte das zusätzliche Pech, von diesem Vorgesetzten beim Knutschen mit dieser Frau erwischt zu werden.

Er wurde krank, mußte sich auf Drängen seiner Vorgesetzten in neurologische Behandlung begeben. Er war nicht krank.

In einem Computerlehrgang seien seine Schwächen evident geworden, wurde ihm gesagt. Er habe es nicht vermocht, sich der Maschine Computer unterzuordnen. Wir kennen nur Entweder/Oder: Strom/Kein Strom. Nichts gibt es nicht. Der Computer macht keine Fehler. Fehler machen, ist eine moralische Kategorie.

Sie haben zu viel Phantasie, bedeutete ihm der Arzt. Sie denken in Lücken, Bedingung aller Phantasie. Bei Computern gibt es keine Lücken, nicht einmal Nichts. Es gibt nur Ja und Nein. Sie dürfen vor allem nicht mehr in moralischen Kategorien denken. Moral ist eine Erfindung der Menschen. In der Natur kommt Moral nicht vor, schon gar nicht in der Physik und der Chemie.

Sie sind zu rechthaberisch, können sich nicht unterordnen, nicht unter Vorgesetzte und nicht unter technische Zwänge, sagte ihm sein Abteilungsleiter, nachdem er den Bericht des Arztes gelesen hatte. Ich habe es immer gewußt. Ihre Kollegen finden sich ab, sie rebellieren ständig.

Er rebellierte, aber am heftigsten gegen sich selbst. Er ertappte sich zu oft dabei, daß er sich auch abfinden wollte. Das führte zu schlaflosen Nächten für ihn.

Er sah ein, daß er ausruhen mußte, mehr alleine sein. Er wurde Schwellenhopser, wie im Berufsjargon die Streckenläufer genannt werden. Kein Widerstand mehr: lieber im Unrecht als mit ihnen im Recht. Lieber allein als in ihrer Gesellschaft.

Es gibt mutige Menschen und feurige Menschen, und wenn beides zusammenkommt, dann gibt es oftmals eine Katastrophe. Wenigstens behaupten das die Lauen und Friedfertigen, die meist nichts weiter sind als bequem und feige. Hockmann war gewiß einer von den mutigen Hitzköpfen, die es mehr geben sollte, weil die Welt dann anders aussehen würde. Oft hatte er seine Kollegen aufgewiegelt, hatte protestiert, hatte agitiert, war vorausgegangen. Zuletzt hatte er alleine gestanden und alles abgekriegt. Phasen der Resignation wechselten mit solchen aktiven Aufbegehrens ab. Er war Streckenläufer geworden.

Zweimal wöchentlich hatte er das ihm zugeteilte Gleisnetz abzulaufen. Er war mit seinen Spezialwerkzeugen, Signalgeräten, Funksprechgerät und dem Zeitplan aller ihm begegnenden Züge ausgerüstet. Er ging von Schwelle zu Schwelle, untersuchte jeden Laschenbolzen, jede Weichenzunge. Sein Brot aß er neben den Gleisen am Bahndamm im Grase sitzend; im Winter in einem verfallenden Bahnwärterhäuschen, das leer stand, weil die Schranken durch eine Untertunnelung der Strecke überflüssig geworden waren.

Er hatte den alten Wilhelm abgelöst auf der Strecke. Wilhelm, ein ausgemüdeter, dicklicher Körper, die Muskeln schlaff hängend an den Armen, die Augen glanzlos uninteressiert. Drei Wochen lang waren sie gemeinsam gelaufen, bis zu dem Tag, an dem Wilhelm pensioniert worden war. Es gab keine Feier, keine große Abschiedszeremonie, nichts. Wilhelm bestieg sein Fahrrad und fuhr nach Hause.

Wilhelm lebte schon nicht mehr, als er neben ihm ging; er lebte in alten, vergangenen Zeiten, als die Bahn groß war, als sie das Transportmittel des Volkes war, alle Waren und Menschen auf sie angewiesen waren. Wilhelm war ungebildet, dennoch wußte er: die wollen die Bahn kaputt machen! Jeden Tag sagte er ihm das, mit diesen oder ähnlichen Sätzen. Die Privaten wollen verdienen, wo es zu verdienen gibt. Deshalb die vielen Autos und Lastwagen. Wo es nichts zu verdienen gibt, das lassen sie der Bahn. Ohne uns wären wir nach dem Krieg nicht wieder hochgekommen. Ohne die Bahn nicht und ohne die Kohle nicht. Jetzt ist's vorbei. Die Beerdigung brauch ich nicht mehr mitzumachen. Ich geh nächste Woche und wenn der letzte Zug fährt, bin ich nicht mehr. Vielleicht seh ich's vom Himmel aus; aber lange dauert es nicht mehr. Wilhelm: verdreht im Kopf aber nicht ganz dumm.

Hockmann hat ein gußeisernes Gedächtnis; er vergißt nichts. Das ist ein Fluch. Und er fühlt und riecht und sieht mehr als andere. Das ist auch ein Fluch. Wer so ausgestattet ist, der kann nicht normal sein. Normal ist ein Schimpfwort. In Hockmanns Kopf schlägt die Welt manchmal Purzelbäume. Ist Vergessen normal? fragt er sich. Nur wer vergißt kann funktionieren in der Gesellschaft, in der Hierarchie. Die Vergeßlichen können sich anpassen oder angepaßt werden. – Verhungern nicht Millionen während er in Saus und Braus lebt? Werden nicht entsetzliche Mordraketen gerade um die Ecke installiert, während er säuft und gröhlt, tanzt und fickt? Mach dir nichts draus, das tun doch alle, sagen Bekannte. Wir wollen Spaß haben! Tus auch. Sich beruhigen und ablenken lassen. Je bedrohlicher die Situation, desto fröhlicher das Fernsehprogramm. Wehe uns, wenn wir mal nicht mehr belogen und betrogen würden.

Zwei Jahre Streckenläufer. Heute weiß er, es war seine schönste Zeit. Immer die gleiche Strecke, immer die gleiche Landschaft, zu jeder Jahreszeit. Die Haselbüsche und der Ginster, die Birken und die Eichen. Auf halber Strecke ein quirlender Bach, der sich ein Stück Wegs am Bahndamm entlangschlängelt. Im Winter war er zugefroren, die Fische im Eise erstarrt. Die drei Eichen, uralt mit mächtigen, runden Kronen; er kannte sie kahl und vom Regen schwarzgelackt im Winter oder weiß eingestäubt mit Bärten aus Eis. Er kannte sie im ersten, blättchenzitternden Grün und behäbig rund und reif, und darunter Säue, die Eicheln suchten. – Wenn es schon nichts umwerfend Neues gab, so mußte man das Vertraute ganz genau kennen. Das war auch was. Immer andere Ansichten des immer Gleichen. Der Ginster wie gelbe Explosionen, wenn er blühte, und daneben schwarzweiße Kühe in sattgrünen Wiesen. Manchmal drei schweißtreibende Sonnen am Himmel und im November Nebel so dicht wie Molke und naß bis in die Lungen hinein. Er fand es zum Verrücktwerden schön.

Man wandelt nicht ungestraft unter Birken und Kühen. In seinem öden Stellwerk sehnte er sich nach den Tagen zwischen den Gleisen. Als die Maus auftauchte, war er froh, legte sofort Käse aus, um sie zu locken.

Es waren immer die kleinen Dinge und die kleinen Gefühle, die ihn glücklich machten. Barfuß laufen im warmen, feinen Sand. Durchfroren, mit Eis im Bart, vor einem bullernden Ofen, heißen Tee in kleinen Schlücken schlürfen. Im Halbschlaf sich an den warmen, runden Hintern seiner Geliebten drücken. Für ihn war es wichtig, ihn beglückte, was andere kaum wahrnehmen. Ebenso konnten ihn Nichtigkeiten zerstören. Besonders seine herrischen Vorgesetzten, kleine Ärsche wie er, kaum 300 Mark mehr monatlich auf dem Gehaltskonto, aber sie gaben sich, als hinge von ihren Entscheidungen das Schicksal ganzer Kontinente ab. Wallmann war der Schlimmste. Er mochte ihn nicht. Das beruhte auf Gegenseitigkeit. Ein Knecht, der nicht mal einen freien Gedanken zu denken wagte. Ein armes Schwein, natürlich, von Kirche und Elternhaus verkrüppelt: Ordnung muß sein! Wer sich nicht fügt, der fliegt!

Und komisch fast, diesem Vorgesetzten konnte Hockman nie entkommen. Ließ er sich versetzen, wurde Wallmann bald darauf ebenfalls versetzt – und war wieder sein Vorgesetzter. Wurde Wallmann hinaufbefördert, landete er kurze Zeit später in seiner Abteilung. Regelrecht unheimlich war das Hockmann. Gehörten sie denn irgendwie zusammen?

Als er Streckenläufer war, hatte er keine Alpträume mehr gehabt. Im Stellwerk kamen sie zurück. Drei Träume pro Nacht; und immer erwachte er schweißgebadet und mit hämmerndem Herzen. Er hatte keinen Stuhlgang mehr und Magenbeschwerden. Als Streckenläufer hatte er regelmäßig nach dem Morgenkaffee und einer Zigarette geschissen.

Er wollte wieder auf die Stecke. Seine Eingaben deshalb wurden abgelehnt. Dieses Ansinnen war Wallmann ein Beweis dafür, daß er nicht ganz dicht war. Ein Mensch, der sich ganz unten wohlfühlt. Ein Mensch ohne Ehrgeiz, ohne den Willen, hinauf zu wollen: unheimlich.

Dabei hatte er durchaus Ehrgeiz. Er malte und zeichnete: Bleistift, Kohle und Aquarell. Erfolg hatte er bei den Frauen. Er hatte eine dunkle, lockige Mähne, braune Haut und lange, seidige Wimpern über fast schwarzen Augen. Sein Gesicht war feingeschnitten, mit einer schmalen Nase und hohen Backenknochen. Er wirkte zart und nervös, besonders wenn er ging; seine Schritte waren kurz und hatten dadurch etwas schnelles, tänzelndes. Er sah aus, wie der Sproß eines jener Häuser, deren Besitzer nie wirklich arbeiten, die von der Arbeit anderer leben. Aber er war armer Leute Kind. Bis zu seinem vierzehnten Lebensjahr hatte er nie ein neues Kleidungsstück am Balg, immer die abgelegten Sachen seines älteren Bruders getragen.

Er lebte von einem Zug auf den anderen. War einer vorbeigerast, erwartete er den nächsten in 12 Minuten, in 22 Minuten –. Jeder Arbeitstag war eingeteilt in 20 wichtige Augenblicke. Eine Digitaluhr im Pult zerhackte den Tag in Sekunden, und sein Plan sagte ihm, welche die Wichtigen waren. Er lebte für Momente. Und nur Momente zeigte ihm die Uhr an. Auf der Strecke war ein Arbeitstag 8½ Stunden, rund wie das Zifferblatt seiner Armbanduhr, wo der Moment immer nur Segment aus einem größeren Zusammenhang war.

Helga wollte in den Süden. Urlaub im Süden. Aber nicht dann, wenn einem die Sonne das Hirn wegschmelzen läßt, hatte er gefordert. Sie hatten dann beide im April Urlaub eingereicht. Als er sich im Urlaubsplan eintrug, wußte er noch nichts von der Maus. Er legte ihr gut versteckt Käse aus und fuhr nach Jugoslawien.

Nach zwei Wochen an der südlichen Küste hatte er alles vergessen, auch die Maus und den Fahrplan der Bundesbahnstrecke vor seinem Stellwerkhäuschen. Er lebte nur im Augenblick, und er lebte so recht gut.

Nach vier Wochen war er zurück und hatte gleich Nachtschicht. Er suchte alle Ecken aus, fand die Maus aber nicht. Der ausgelegte Käse war weg. Er achtete auf jedes leise Geräusch, wandte sich freudig erregt um, wenn es raschelte, knarrte, piepste, es war nie sein Mäuschen. Er fragte den Kollegen, der ihn ablöste am frühen Morgen: hast du eine Maus hier drinnen gesehen?

Was heißt hier eine Maus – eine ganze Kolonie! sagte der Kollege.

So war es. Nach einer Woche wußte er, daß es vier Mäuse waren, die sich im Stellwerk tummelten. Eine davon war eine fette, struppige, graue Maus. Er warf einen schweren Aschenbecher nach ihr, traf aber nicht. Mit Mühe konnte er seine zierliche, braune Maus von den anderen unterscheiden. Er versuchte sie von den anderen zu isolieren, aber das war unmöglich. Jedenfalls haßte er das fette, graue Vieh. Er hatte schon eine Falle besorgt, sie aber dann nicht aufgestellt, weil ja sehr unsicher war, welche Maus sich darin fangen würde. Vielleicht würde der Bügel der Falle seiner Maus das Genick zerschlagen.

Als er nicht da war, hatte sich die Maus andere Gefährten gesucht. Vier Wochen waren eine lange Zeit für das Tierchen, dachte er. Höchstens drei Jahre lebt so eine Maus, da waren vier Wochen bestimmt eine lange Zeit. Die Maus war einsam, sagte er zu Helga. Sie sagte: du spinnst; fang ja nicht wieder von der blöden Maus an.

Er fütterte die Maus nicht mehr. Er wollte ja nicht vier Mäuse dick und fett füttern, vor allem das widerliche graue Biest nicht.

Auch seine Kollegen schimpften über die Mäuse. Früher hatte nie einer etwas gesagt, als es nur eine Maus war. Die Kollegen hatten die eine Maus nie bemerkt.

Auch seine Maus wurde rund und fett und er fand sie ekelhaft. Eines Morgens zählte er sechs Mäuse, und eine Woche später waren es schon mehr. Er durchstöberte den Raum und das ganze Gebäude und fand ein Nest mit jungen, noch nackten Mäusen. Er holte eine Schaufel und warf sie samt Nest in den Müll. Seine Maus gab es nicht mehr für ihn; er konnte sie ja sowieso nicht mehr erkennen. Wahrscheinlich hatte sie auch längst Junge, der fette, graue, struppige Mäuserich würde dafür gesorgt haben.

Er dachte daran, eine Katze mitzubringen. Er beriet sich mit seinen Kollegen darüber, die aber sagten, es sei verboten, Tiere im Stellwerk zu haben. Er rief seinen Chef an, den vollgefressenen Wallmann. Nein, unmöglich an eine Katze zu denken, sagte der. Seien sie nicht so empfindlich, die Mäuse beißen sie ja nicht.

Wenn er jetzt alleine vor seinem Fahrplan saß, sah er Mäuse, wenn gar keine da waren. Es schienen ihm immer mehr zu werden. Einer hatte er mit der Schaufel den Kopf abgeschlagen, eine andere in einer Ecke zerquetscht. Auch die Kollegen hatten schon zwei Stück zur Strecke gebracht. Am schlimmsten war es nachts, da raschelten, huschten und fiepten die Biester am meisten. Ganz ungeniert rollten sie quer durch den Raum, rangelten und kopulierten vor seinen Augen.

Er rief seinen Chef an, bat um Versetzung, wollte wieder auf die Strecke, weg von den Mäusen. Raus aus den muffigen Räumen, Sonne auf der Haut spüren oder Regen im Gesicht. Wieder zur Seite treten, wenn ein Zug vorbeidonnerte und ihm sehnsüchtig nachsehen. Was hatte die Arbeit im Stellwerk mit seinem Jugendtraum von der Eisenbahn zu tun? Nach einem Plan Hebel bedienen und auf leuchtende Lämpchen achten. Die Mäuse waren ein Vorwand. Mit Gift hätte man ihnen zu Leibe rücken können. Aber Gift gefährdete auch die Menschen. Und war es denn Hockmanns Sache, etwas gegen die Mäuseplage zu tun? Er schrieb ein Versetzungsgesuch, gab als Grund die Mäuse an. Sein Chef, Wallmann, rief ihn an, sagte, er würde das Gesuch nicht weitergeben. Hockmann grinste, er hatte einen Durchschlag seines Schreibens gemacht.

Da er nicht hinauf wollte, war er unangreifbar. Wer Karriere machen will, muß sich prostituieren, körperlich und geistig. Das war für ihn vorbei. Er hatte es auch getan, es trotzdem nicht geschafft. Er hatte zu labile Nerven.

Jetzt fütterte er die Mäuse wieder, lockte sie bis auf sein Weg-zeit-Diagramm auf seinem Pult. Er ekelte sich nach wie vor, aber er hatte ein Ziel um dessen willen er sich beherrschen konnte.

Er dachte noch immer darüber nach, wieso er eine einzige Maus liebhaben konnte, ein ganzes Rudel ihm aber Abscheu und Ekel einflößte. Vielleicht war es gerade deshalb, weil er sein kleines, braunes Mäuschen so gerne hatte. Sie war so hübsch und zierlich, ihr Fell so seidig zart, ihre dunklen Knopfaugen so traurig warm. Sie war zutraulich und zärtlich. Er mußte sie vergessen; schließlich war sie nichts weiter als eine Maus.

Die Sonne goß kübelweise rot und gelb über die Landschaft. Er sah es nur vom Auto aus, wenn er zur Arbeit fuhr oder nach Hause. Blau leuchteten die Pflaumen durchs Blattwerk, Äpfel und Trauben bekamen die letzte Süße. Aus den Stoppelfeldern stachelten die Stummel der Getreidehalme und allenthalben schwelten die Kartoffelfeuer. Er hielt bei den Kastanien an und schälte die Früchte braun glänzend aus den faulenden, stacheligen Hüllen. Früh und spät waberten schon dünne Nebelschleier über den sauren Wiesen. Die Buchenwälder rosteten; bald würden die bunten Blätter herabregnen im sanften Wind.

Was lag denn zwischen Morgen und Abend? Immer das blöde Dösen und Warten bis ein Zug kam; – und das Springen der Digitaluhr vor Augen, und 20 Zigaretten und 10 Äpfel, um die Zeit auszufüllen. Und zwischen Abend und Morgen, bei Nachtschicht, war es genauso, nur kein Licht draußen auf Hecken und Gleisen; von schwarzglänzenden Scheiben umstellt, in denen er sich spiegelte als sei er schon tot, spulte sich sein Leben ab.

Er mußte das ändern, wenn nicht jetzt, dann nie mehr. Vorher wollte er alles andere klar haben. Eine Sache steht man durch, wenn sonst alles im Lot ist. Er mußte sich mit Helga versöhnen, so richtig, mit allem drum und dran. Er kaufte ihr eine seidige Bluse, seidene würde sie sagen, aber das stimmte nicht, für Seide hatte er kein Geld. Auch Blumen und Pralinen kaufte er. Dabei hatte er ein schlechtes Gewissen; Riechbesen und Drachenfutter habe er erstanden, frozzelten die Kollegen. So war es nicht. Aber die Bluse erschien ihm doch wie ein riesiges Trostpflaster.

Er hatte seinen Plan den Kollegen mitgeteilt. Die nahmen ihn nicht ernst. Wenn dich die Mäuse so nerven, dann lege doch Gift aus, rieten die ihm. Das sei doch seine Sache nicht, antwortete er. Dann mache ich es eben, bot einer der Kollegen an. Damit aber wäre Hockmanns Plan gescheitert. Ihm ging es nicht alleine um die Mäuse. Er mußte handeln. Dem fetten Wallmann würde er es zeigen.

Er hatte Spätdienst. Anschließend fuhr er zu Helga. Die war schon zu Bett gegangen, hatte ihn nicht mehr erwartet. Er kam selten nach der Spätschicht. Er durfte bleiben, schlüpfte in ihr angewärmtes Bett und zwischen ihre verkrampften Schenkel. Und er war gut wie selten, zärtlich und ausdauernd. Sie war glücklich eingeschlafen in seinem Arm. Er fühlte sich kräftig und gut.

Auch nach dem Erwachen war es nicht anders. Die Sonne lag voll auf dem Bett, kitzelte ihn in Nase und Augen, reizte ihn zum Niesen. Er frühstückte ausgiebig, dann verabschiedete er sich zärtlich von Helga. Dies würde ein besonderer Tag sein in seinem Leben. Noch lange würde er sich daran erinnern.

Pünktlich um 13 Uhr löste er seinen Kollegen von der Frühschicht ab. Um 13.10 Uhr passierte ein Zug, um 13.18 ein Triebwagen aus der Gegenrichtung. Danach rief er seinen Vorgesetzten an; er sprach aufgeregt und hektisch. Die Mäuse tanzen mir hier auf dem Tisch, sie haben mir mein Frühstücksbrot angefressen, schrie er ins Telefon. Ihr Kollege hat sich auch schon beschwert, aber er war nicht so aufgeregt und unverschämt wie sie, sagte Wallmann am anderen Ende der Leitung. Dem haben sie auch nicht das Frühstück gefressen, schrie Hockmann. Seit Wochen fordere ich von ihnen, daß etwas gegen die Mäuse unternommen wird, ohne Erfolg. Meine Geduld ist am Ende! Schreien Sie nicht so, forderte Wallmann, diesen Ton verbitte ich mir! Dann hatte Wallmann aufgelegt.

Um 14.05 Uhr, nachdem ein Güterzug gerade die Strecke passiert hatte, stellte Hockmann alle Signale auf rot und verließ sein Stellwerk. Als er die steile Treppe hinabstieg fing es zu regnen an. Erst war es ein leichter Nieselregen, der sich aber bald zum Landregen auswuchs. Es troff von den Bäumen und bald war Hockmann bis auf die Haut durchnäßt. Seine leichten Sommerschuhe lösten sich auf, der Rahmen des linken Schuhs klappte bei jedem Schritt auf wie ein zahnloses Maul. Ihn focht es nicht an. Wie früher als Streckenläufer schritt er seine Strecke ab, von Schwelle zu Schwelle. Auf Züge brauchte er nicht zu achten; es würden keine fahren, nicht auf seiner Strecke: alle Signale zeigten rot.

Es waren gut 20 Kilometer, die er zu gehen hatte, bis zum Stellwerk I, wo auch die Zugleitung saß und sein Chef Wallmann. Dort würde schon jetzt alles durcheinander rennen in größter Aufregung. Wallmann wird den Disponenten anbrüllen, der Disponent die Aufsichten, die Aufsichten die Hilfskräfte. Um hoch zu kommen und oben zu bleiben, ziehen die einander die Haut ab bei lebendigem Leib. Damit hatte er nichts zu tun; nicht mehr.

Wie viele Tode war er schon gestorben? Heute mal nicht. Leben will aktiv gestaltet sein, dann ist's erträglich, kann sogar schön sein. Erduldet und passiv ist's eine Qual. Woher hatte er diese Weisheit? Egal woher, er hatte sie erfahren, und damit war es seine Weisheit.

Die Züge stauten sich aus allen Richtungen. Da eine Strecke nicht befahrbar war, wurden auch andere Strecken in Mitleidenschaft gezogen. Die Züge, die nicht einfahren konnten in Strecke D3, standen auf Strecke D1, auf C2, undsoweiter. Umleitungen sind da kaum möglich. Nach einer Stunde war die Katastrophe vollständig. Es würde Stunden dauern, um den Stau aufzulösen. Wallmann war verantwortlich. Hockmann hatte den Durchschlag seines Schreibens, betrifft: Mäuse im Stellwerk ..., in der Tasche. Was konnte ihm schon passieren? Versetzung, Degradierung zum Steckenläufer.

Am nächsten Morgen waren die Zeitungen voll von der einsamen Protestaktion des Bahnbeamten Hockmann. Das hatte er nicht gewollt. Er war sich auch nicht bewußt, daß er etwas ganz Außergewöhnliches getan hatte.

Erst war es nur eine Maus; dann kamen viele Tausend Menschen zu spät zum Essen, versäumten den Fernsehkrimi, verpaßten irgendwelche Anschlüsse und Verabredungen. Hockmann schlief gut in Helgas Armen. Am nächsten Morgen kam eine feiste Sonne orangerot über dem Horizont hoch. Ein steifer Wind aus dem Westen hatte die Regenwolken verblasen. Es würde ein schöner, bunter Herbsttag werden.

Heinz Milloth

Kesseltreiben

1

Er kratzte das Eis von der Windschutzscheibe und war überrascht: Sein alter Audi sprang an diesem Morgen sofort an. Heut scheint's keine Probleme zu geben, dachte Benno, bevor er losfuhr. Er hatte es schon geahnt, als Elke um halb sechs Uhr zu ihm ins Bett gekrochen kam, sich mit ihrer prickelnden Gänsehaut an ihn geschmiegt und ihn auf die angenehmste Weiberart geweckt hatte.
Und als er wenig später wie jeden Morgen seit über elf Jahren über die Rheinbrücke fuhr, nahm er die stickige Dunstglocke

aus Kabeljau und Himbeersirup kaum noch wahr. Seit jeher war dies die Duftnote seiner Firma, in der er und zweiundfünfzigtausend andere ihr Brot verdienten, auch heute noch. Aber lieber dachte er jetzt an Elke, wie sie vor einer Stunde in Fahrt gekommen war, und er spürte deutlich einen Hauch von Fidji-Parfüm und Zahnpasta und Frau inmitten dieser süßlichen Dunstglocke.

Nicht weit vom riesigen Fabrikgelände fand er heute einen Parkplatz; er hatte Glück. Leise pfiff er vor sich hin, als er seine mit Farbflecken bedeckten Klamotten anzog.

Schon seit mehreren Monaten fuhr Benno den Ansatz Oxysulfon-Blau. Er bereitete die Mischung vor, rollte wie immer die fünfzehn schweren Fässer, die je 200 kg Stoff enthielten, mit schnellen Händen über die Kante an den großen Kessel heran. Das Mannloch im Kessel gähnte ihn müde und zugleich gefräßig an.

Er schaufelte zuerst wie ein Besessener die fünf Fässer Aminosulfon in den Kessel und pumpte 10 Fässer Bromaminsäure dazu. Schnell kam er ins Schwitzen, als er anschließend die 14 Säcke Natriumbicarbonat – das sind vierzehn Zentner Staub – durchs Mannloch kippte. Nach einer knappen Stunde war der Ansatz fertig.

Durchatmen, Schweiß abwischen, Schutzbrillle reinigen; denken an Elke, denken an seinen Arbeitsplatz, der noch sicher schien, an dem sich in den elf Jahren nichts geändert hatte. Wenn keine Arbeitsplatz-Humanisierung, dann auch keine Rationalisierung, also Arbeit, farbige Arbeit in Hitze, Staub und saurem Mief, aber eben Arbeit – so genügsam war er schon geworden. Die Welt braucht eben Farben, dachte Benno. Doch als er Jupp Vollmer auftauchen sah, seinen Vorarbeiter, den Stänkerer mit dem totalen Fabrikgefühl, wußte er, daß er trotz gesicherter Arbeit irgendwann Farbe bekennen würde.

Er begann, am zweiten Kessel den Ansatz vom Vortag mit 33prozentiger Salzsäure zu säuern. Höllisch aufpassen mußte er dabei, damit das Zeugs nicht überschäumte und spritzte. In kurzen Abständen schaute er durchs Mannloch, um zu prüfen, wie hoch der Schaum gestiegen war. Selbst für diese gefährliche Arbeit hatte seine Firma bis heute noch keine nennenswerten Hilfsmittel entwickelt. Die Zeit war an seinem Arbeitsplatz vorbeigegangen. Alte farbige Welt.

Im zweiten Stock schlugen ihm feuchte Hitze und ein saurer Geruch aus der Nutsche entgegen. Er stieg hinein und schaufelte die schlammige, blaue Masse in einen Trichter im Nutschenboden, durch den der Schlamm in eine mit Dampf gewärmte Trockenpfanne im unteren Stock fiel. Von dort stieg ebenfalls die Hitze nach oben. Er war froh, als es Mittag war.

2

In der Kantine waren sie schon am diskutieren. Rolf Schlurmann, der Schichtführer, ein Günstling Vollmers und des Meisters, führte das große Wort:
»Die Träumer von der IG-Metall spinnen doch! Die 35-Stunden-Woche bringt in unserer Firma noch keine 100 Arbeitsplätze.«
»Woher willst du das denn so genau wissen?« fragte ihn Benno.
»Aha, unser Öko-Freak weiß es natürlich wieder genau.« Einige grinsten, die anderen hörten gelangweilt zu.
»Hör mal, Rolf, das muß dir doch einleuchten, daß in einem so großen Unternehmen wie dem unseren mindestens 2000 Arbeitsplätze geschaffen werden können, falls wir auf einen Schlag fünf Stunden weniger in der Woche arbeiten.«
»Nichts leuchtet mir ein, gar nichts, höchstens mehr hinlangen müßt ihr«, mischte sich Vollmer ein. »Grad' du, Benno, wirst mehr hinlangen müssen. Übrigens, morgen und am Freitag reinigst du die Kessel 17, 18 und 19.«
In Benno kochte es. Gerade die gummierten Metallkessel, die am schwersten zu reinigen waren, überließ er ihm. Er dachte an den einen Zentimeter dicken, zähen Film, den er an den Kesselinnenwänden würde abschrubben müssen, teilweise gebückt und auf schrägem Boden. Aber er blieb cool.
»Wir hatten doch da einen Turnus, daß jeder mal an die Gummierten kommt. Ich war doch vor ein paar Wochen dran, erinnerst du dich, Jupp?«
»Für dich als Umweltschützer ist das die richtige Arbeit. Du bist da zuverlässiger als die anderen. In zwei Wochen kommt die Sicherheitsüberwachung, da muß alles wie geleckt sein!«
»Aha, willst vor der Kommission gut dastehen, klar. Aber wegen des Turnus' reden wir noch«, sagte Benno und ging.
Er spürte noch immer die kalte Wut im Bauch, als er mit einer Hand nacheinander die 6 leeren Fässer über die Kante an die Trockenpfanne rollte, die den blauen Farbstoff aus einem Ansatz vom Vortag enthielt. Die Farbe mußte in die Fässer gefüllt werden. Trotz einer hydraulischen Öffnungsvorrichtung am Pfannenloch stand er sofort in einer dichten Staubwolke. Seine Maske hielt nicht genügend Staub ab, behinderte ihn sogar. Draußen 5 Grad Kälte, hier kochte ihm bei 40 Grad das Wasser im Arsch. Eine elende Drecksarbeit.

Als er gerade dabei war, die Fässer mit dem Farbstoff abzuwiegen, traten Gerd und Salvador auf ihn zu. Der Staub hatte sich etwas verzogen.
»Hör mal, Benno, es wird gemunkelt, du willst bei der gewerkschaftlichen Vertrauensleutewahl kandidieren.«
»Wer munkelt?«
»Der Schlurmann. Nach dem Essen stand er noch mit ein paar Kollegen herum.«
»Der Schlurmann will doch wiedergewählt werden, soviel ich weiß.«
»Ja, das ist es doch«, sagte Gerd. »Gerade der Arschkriecher. Und als Schichtführer ist der doch absolut der falsche Mann.«
»Gegen den zu kandidieren, würd' mich jucken, aber ich will gegen den auch nicht verlieren.«
»Mann, da hast du gute Chancen. Bei dir weiß ich, wo du stehst, du sagst deine Meinung«, sagte Gerd.
»Die Ausländer-Kollegen wählen dich alle«, sagte Salvador. »Das sind schon 12 sichere Stimmen und 18 reichen dir für Mehrheit, is' klar?«
»Ja, ich weiß, ich wills mir überlegen.«
»Überleg's nicht zu lange«, sagte Gerd. »Was ich dir noch sagen wollte: Das hat mir gut gefallen, vorhin beim Essen, als du dem Jupp gekontert hast. Mal wieder alle gegen einen. Bleib wie du bist!«
So war das häufig in letzter Zeit, bei gelegentlichen Streitgesprächen während des Frühstücks. Benno hatte das Gefühl, daß viele insgeheim so dachten wie er, aber Schiß hatten, das Maul aufzumachen. Oft völlig unbegründet, wie er dachte. Die alte deutsche Krankheit, die wieder um sich greift, sich ausbreitet wie ein Krebsgeschwür. Oder aber sie redeten einem, der das Sagen hatte, nach dem Munde, wie kürzlich Stefan, der gerade 19jährige Chemiefacharbeiter: »Der Jupp hat doch Erfahrung, der weiß das doch besser.« Und später zu Benno, zwischen Tür und Angel nach dem Frühstück: »Für mich bist du ein langhaariges, grünes Ökoschwein.« Den Spruch hatte er vom Vorarbeiter übernommen. Benno hatte Stefan damals an der Jacke gepackt, ihn in den Frühstücksraum geschoben und mit einem Arm ganz sachte auf die Bank gedrückt: »Laschvögel wie du fressen aus der Hand. Du wirst es zu was bringen. Und jetzt hau ab!«
Als Benno ein paar Tage später von zwei anderen, sonst schweigsamen Kollegen für eine Kandidatur ermuntert wurde, kriegte er den richtigen Biß. Der Schlurmann durfte nicht Ver-

trauensmann werden. Er war jetzt entschlossen, bei der Vertrauensleutewahl zu kandidieren.
Er machte die Nutsche und den Trichter mit heißem Wasser gründlich sauber, überprüfte die Ventile am Kessel und traf die Vorbereitungen für das am nächsten Morgen anstehende Filtrieren.

3

Einige Wochen später fand die Vertrauensleutewahl statt. Von 34 abgegebenen Stimmen seines Betriebes erhielt Benno 25; 9 Stimmen fielen auf Schlurmann. Das Ergebnis war eindeutig. Schlurmann mimte den Sportsmann, gratulierte ihm und spöttelte: »War ja klar, daß du es mit den Kanakenstimmen schaffst.« Vollmer, der Vorarbeiter, verzog keine Miene.
Benno machte erst mal Urlaub. Drei Wochen Costa del Sol: Wasser so blau, Sonne so steil wie im Prospekt. Nach der Siesta regelmäßig den abgehobenen Schädel vom Vino Tinto, der ihm den überzeugenden Gang bescherte wie Charles Bronson im Film ›Spiel mir das Lied vom Tod‹. Und wo er hinschaute, hingriff, Elkes Kiwihaut. Sie beschlossen, zu heiraten. Mit 31 kann ein Mann heiraten, dachte er.
Am vorletzten Urlaubstag verstauchte er sich den Fuß, konnte das Gaspedal nicht mehr durchtreten und nahm deshalb die Arbeit drei Tage zu spät auf. Er erhielt eine schriftliche Verwarnung wegen unentschuldigten Fehlens, obwohl der Werksarzt noch nachträglich die Verstauchung eindeutig festgestellt hatte.
Ab diesem Zeitpunkt hatte Vollmer wieder Oberwasser. Die Schikanen nahmen immer mehr zu. Kaum eine Woche verging, in der Benno keinen Kessel reinigen mußte, was oft fünf Stunden dauerte.
Eines Morgens sagte ihm Vollmer: »Ab heute streichst du Kessel, erst mal die Nummern 10 bis 25 und das dazugehörige Rohrleitungssystem. Dann sehen wir weiter. Hol dir im Hauptlager die Farben.«
Benno kam diese Arbeit am Anfang gar nicht ungelegen. Er war nicht mehr dem Staub und viel weniger der Hitze ausgesetzt, bezog wie bisher seinen Facharbeiterlohn – das war klar –, konnte seine Gedanken ordnen und sich auf Wichtigeres im Privatbereich konzentrieren.
Zuerst strich er mit grauer Farbe die Kessel 10 bis 17 an; er brauchte hierzu fast fünf Wochen. Dann soßte er fünf Tage lang Lauge-Rohrleitungen ein – das war seine violette Woche –, anschließend fünf Tage Stickstoff-Rohrleitungen – seine gelbe

Woche. Es folgte eine Woche, in der er nur noch grün sah: Er strich die Wasserrohre. In der neunten Woche träumte er von blauen Lagunen.

4

Als er am Kessel 18 wieder mit der Farbe grau begann, erfuhr er, daß im Parallelbetrieb gegenüber in E 134 ein anderer seit über einem Jahr nur Kessel und Rohrleitungen strich. Ein ehemaliger Anstreicher und angelernter Chemiearbeiter, der in einer niedrigeren Lohngruppe war, wie er hörte.
Er sprach Vollmer an, der ihm vage in Aussicht stellte, irgendwann würde er wieder Ansätze fahren. »Aber du weißt ja, du hast hier einen der sichersten Arbeitsplätze in der ganzen Fabrik. Wenn du die 54 Kessel und alle Rohrleitungen durch hast, fängt der erste Kessel wieder zu rosten an. Überleg dir das«, meinte er grinsend und ging.
Benno strich weiter: violette Woche, gelbe Woche, grüne Woche, blaue Woche. Er sah die Welt in Regenbogenfarben. Er strich unbekümmert über den Rost der satten Jahre hinweg. Niemand erwartete von ihm, daß er eine Stahlbürste benutzte.
Eines Nachmittags, als er am Kessel 24 im Farbeimer in der grauen Soße rührte, sprach ihn nach längerer Zeit Vollmer mal wieder an: »Das läuft ja jetzt ganz gut bei dir. Aber streich mir die Kessel ja nicht grün an. Aus Sympathie zu den grünen Zottelböcken im Bundestag.«
Benno blieb ruhig, rührte im Farbeimer. Vollmer stänkerte weiter, an den Kessel gelehnt: »Bevor dir die Haare in den Farbeimer hängen, geh mal zum Werksarzt. Du siehst ja wieder aus wie ein Steinzeitler!«
Irgendwo blitzte es in Bennos Kopf, aber er bewahrte noch die Ruhe. Er schwang den Pinsel elastisch aus dem Unterarm heraus von oben nach unten und wieder nach oben, strich die graue Farbe in breiten Streifen auf den Kessel, immer weiter, mit viel Schwung über Vollmers Arsch und Oberschenkel und wieder auf den Kessel. Vollmer machte eine reflexartige Bewegung nach vorn.
»Bist du denn bescheuert?« schrie er mit hochrotem Kopf.
»Sorry Jupp, war'n Versehen, du standst nur ungeschickt im Wege.«
»Du willst mich wohl verarschen, was?«
»So einen wie dich verarscht doch keiner, Jupp!«
»Mein lieber Mann, ich red' sofort mit dem Meister und mach'n Bericht!«

»Was willst du denn in den Bericht schreiben, he? Der Chemiefacharbeiter Benno Ruder hat mir graue Farbe über den Hosenlatz gestrichen, um mich zu verarschen ...«
Vollmer wurde blaß vor Wut, als ihn Benno spöttisch angrinste.
»Das bleibt nicht ohne Folgen für dich, du alte Ökosau«, preßte er im Weggehen durch die Zähne.
»Mach dich mit dem Bericht nicht lächerlich«, rief ihm Benno noch nach und strich seine grauen Bahnen weiter.
An diesem Tag geschah nichts mehr; es war schon kurz vor Feierabend.

5

Später in der Kneipe grübelte er vor sich hin. Er war etwas zu früh, die Skatbrüder würden bald eintreffen.
So kann das nicht weitergehen, dachte er. Demütigen laß ich mich nicht! Und wenn mir der Drecksack Vollmer nochmal so kommt, schlag ich ihm den Pinsel rechts und links aufs Ohr.
Das Pils war ihm heute abend zu bitter. Ich hau in den Sack, dachte Benno. Er hatte von einem großen Chemiebetrieb in Darmstadt gehört, der noch Chemie-Facharbeiter einstellen würde.
Aber er verwarf den Gedanken bald wieder, regte sich langsam ab. Es geht mir ja gar nicht so beschissen, dachte er. Mit Elke geht alles klar, die Volleyballer sind gute Kumpels. Und was ist im Betrieb? Er dachte genauer nach: Abgruppieren konnten sie ihn so ohne weiteres nicht. Und er hatte unter den ausländischen Kollegen ein paar echte Freunde gefunden, die er vermissen würde, vor allem Branko, Yusuf und Vincenco, die sich auch im Stich gelassen sähen, falls er kündigte.
Aber ich werd nicht klein beigeben, dachte er. Und ich muß noch besser argumentieren lernen, Seminare besuchen. Nein, so schnell kriegen die mich nicht weich!
Alfred und Holger betraten lachend das Lokal.
»Hallo Benno, alles klar?«
»Sonnenklar!« Und Benno stand da, als könne er ein 200 kg-Faß frei aus der Hocke stemmen.

Heinz-Peter Tjaden

Das graue Band

Klaus Müller hängt sein Hemd und seine Hose in den Spind. Bedächtig knöpft er seinen blauen Kittel zu, spricht – schon halb im Hinausgehen – noch ein paar Worte mit seinem Kollegen Schulz (»Kommst du heute abend zum Kegeln, Klaus?« »Wenn ich nicht zu müde bin.« »Susi ist auch da. Die wird dich schon munter machen.«) und betritt die Fabrikhalle.

Fünfzig Schritte bis zu seinem Platz am Fließband. Doch heute sind es nur 49. Klaus Müller stutzt einen Augenblick, wäre am liebsten noch einmal zurückgegangen (»Sonst waren es doch immer 50 Schritte«, denkt er.), setzt sich.

Das graue Band bringt ihm die erste Maschine. Er nimmt sie, stellt sie vor sich auf den Tisch, dreht drei Schrauben fest, justiert, stellt die Maschine wieder auf das graue Band. Die zweite Maschine kommt langsam auf ihn zu. Maschine nehmen, Schrauben festdrehen, justieren, Maschine wieder auf das Band stellen.

65 Sekunden für jede Maschine, 10 Sekunden Pause, 65 Sekunden ... Die dritte Maschine kommt. Maschine nehmen, auf den Tisch stellen, drei Schrauben festdrehen, justieren, Maschine wieder auf das Band stellen.

Ein Blick aus den Augenwinkeln: Heinz sieht heute aber sehr krank aus. Magenleiden. Die vierte Maschine. Nur 49 Schritte bis zu seinem Arbeitsplatz, wie ist das möglich? Schrauben festdrehen, so ein Mist, eine vergessen, die Maschine zurückholen. Die fünfte Maschine ist schon da. Keine 10 Sekunden Pause. Geschafft! Ich bin wieder im Takt. Gott sei Dank ...

Das Band bleibt stehen, ein Defekt, ein aufgeregter Meister. Und nur 49 Schritte bis zu seinem Arbeitsplatz. 49, nicht 50. »Fehler gefunden«, ruft jemand, das graue Band bringt eine neue Maschine. Maschine nehmen, auf den Tisch stellen, drei Schrauben festdrehen, justieren, Maschine wieder auf das Band stellen. Das graue Band ist wie das Leben, es bleibt erst stehen, wenn wir tot sind. Erste Schraube festgedreht, die zweite – da hat jemand eine Schraube vergessen, der Schraubenzieher geht ins Leere. Den Meister rufen, der nimmt die Maschine mit. Eine neue Maschine kommt.

Frühstück. 15 Minuten. Noch einmal zur Umkleidekabine gehen. Die Entfernung ausmessen. 49 oder 50 Schritte? Seit 10 Jahren jeden Morgen 50 Schritte, heute 49. Warum?

Klaus Müller kann sich nicht entschließen. Was werden seine Kollegen denken, wenn er jetzt Schritte mißt? Er bleibt sitzen. Ein Bissen, ein Schluck Tee, Gedanken an Schritte, ein Schritt zuwenig.
Eigentlich dürfte er gar nicht auf diesem Platz sitzen. Eigentlich müßte er einen Schritt zu weit weg neben seinem Stuhl stehen. Warum sitzt er?
»Weil heute ein ganz besonderer Tag ist«, sagt das graue Band. Klaus Müller sieht sich vorsichtig um. Es steht niemand hinter ihm.
»Ich bin es, der mit dir gesprochen hat«, sagt das graue Band. »Eines Tages spreche ich mit jedem von euch und jeder von euch spricht mit mir. Das ist ganz natürlich, mach dir deswegen keine Sorgen!«
»Ich bring dir gleich eine neue Maschine. Sieh auf deine Uhr, die Pause ist zu Ende!« sagt das graue Band. Maschine nehmen, drei Schrauben festdrehen, justieren, Maschine wieder auf das Band stellen, auf das sprechende Band.
»Eine neue Maschine für dich«, sagt das Band. Klaus Müller greift nach ihr. Und dreißig Meter über ihm scheint die Sonne.
»Mußt du denn jede Maschine ankündigen?« schimpft Klaus Müller.
»Eine neue Maschine für dich«, sagt das graue Band.
Maschine nehmen, drei Schrauben festdrehen, justieren, die Maschine wieder auf das Band stellen. Susi kommt vorbei, schwarzhaarig und jung, ein frecher Blick. »Kommst du heute abend?« Streift ihn, geht weiter, ohne eine Antwort abzuwarten, keine Zeit.
»Eine neue Maschine für dich«, sagt das graue Band.
»Hör auf damit«, sagt Klaus Müller und dreht eine Schraube zu fest.
»Eine neue Maschine für dich.« Er bekommt die Schraube nicht los.
»Eine neue Maschine für dich.« Die Schraube rührt sich nicht.
»Eine neue Maschine für dich.« Er schwitzt, flucht.
»Eine neue Maschine für dich.«
In blinder Wut schlägt er auf das Band ein. Zwei Kollegen kommen und halten ihn fest. »Ruh dich fünf Minuten in der Umkleidekabine aus. Wir machen so lange deine Arbeit mit«, sagt der eine.
Allmählich kommt Klaus Müller wieder zu sich, geht auf die Umkleidekabine zu, zählt Schritte.
40, 41 ...

Werden es wieder nur 49 sein?
42, 43, 44, 45, 46 ... Gleich bin ich an der Tür, gleich.
47, 48, 49 ...
Die Tür!
Klaus Müller bricht zusammen und seine Kollegen, die sich über ihn beugen, hören ihn sagen: »Es müssen doch 50 Schritte sein!«

Anne-Rose Dostalek

Wir sind nicht kleinlich

»Hier läßt's sich arbeiten!«, erklang es von allen, die den Kopf durch die Tür steckten und mit flinken Augen den Raum musterten. Auch die vier Frauen aus der Vertriebsabteilung waren beeindruckt von ihrem renovierten Büro, den jungfräulichen weißen Schreibtischen, den eleganten Drehstühlen, den mattweißen Bildschirmterminals mit der grünglänzenden Schrift, den schimmernden Leuchten an der Decke, den großen Fenstern, sorgsam abgeschattet von weißen Jalousien.
Einige Tage später wurden ihnen auch noch Grünpflanzen gebracht – pflegeleichte Hydrokultur –, und Ficus und Anthurium hoben sich schattig grün vom Weiß ihrer Bürolandschaft ab.
Auch Auge, der Abteilungsleiter, war zufrieden. Er saß in seinem Glaskasten, vormals ein abgetrennter Raum, und hatte nun Blickkontakt zu den Frauen, wenn er sich von seinem Schreibtisch aus vorbeugte.
Stolz thronten die Frauen vor ihren weißen Schreibtischen, heimsten befriedigt neiderfüllte Blicke anderer Kollegen ein und saßen bald wie immer vor ihren Bildschirmen und klimperten auf der Tastatur.
»Es ist nicht mehr so gemütlich bei euch«, sagte Otti. Sie hatte recht. Seit Auge in seinem Glaskasten saß – der führt bestimmt Strichlisten, wer wie oft hier hereinplatzt, spöttelte Otti –, seitdem das neue Softwareprogramm eingeführt war, das sie wiederum dem neuen Computer verdankten, seitdem alles renoviert war, hatte der alte Schlendrian aufgehört. So nannte es Auge.
Kaffeetassen auf den Schreibtischen waren verpönt, die Zeitschriften mit den Kochrezepten und Strickanleitungen mußten in die Schubladen verschwinden, Feriengrüße der Urlauber,

alte Kalenderblätter und Aufkleber galten ab sofort als Verschandelung der frisch gemalten Wände. Auch das alte Abteilungssparschwein fiel dem ästhetischen Feingefühl von Auge zum Opfer und fristete sein Dasein versteckt im Schrank. Hatte schon des Abteilungsleiters jäh überschwappender Ordnungssinn die Frauen leicht frösteln lassen, so brachte das Gerücht ihre schöne neue Bürowelt vollständig durcheinander. Otti trug ihnen zu, was im Haus gemunkelt wurde. Es sollten Leute eingespart werden. Die Auftragslage sei nicht gut, in den Abteilungen werde gesiebt.
»Vom Vertrieb heißt es«, schloß sie, »daß sich das neue EDV-Programm so gut bewährt habe, daß die Arbeit auch mit weniger Leuten zu schaffen sei.«
»Leck mich am Ärmel«, stieß Vera hervor, »Zeitersparnis durch das neue Programm, daß ich nicht lache.«
Die anderen fielen ein, aufgewühlt, wütend, ungläubig: So ein Unsinn, wir stecken bis zu den Achselhöhlen in Arbeit. Wer soll denn da eingespart werden, das geht doch gar nicht. Das glaube ich nicht, das ist nur Gerede.
»Auge hat schließlich auch noch ein Wort mitzureden, der weiß, wieviel Arbeit wir haben«, trumpfte die Gieseking auf. Aber während alle noch wild durcheinanderredeten, sich empörten, sich stritten und sich gleichermaßen betroffen wähnten, keimte schon die Angst.
»Wer seine Arbeit ordentlich macht, braucht nichts zu befürchten«, Ida Gerlach hatte bisher schweigend dabeigesessen, packte jetzt ihr Frühstücksgeschirr zusammen und verließ erhobenen Hauptes die Kaffeeküche. Sie war immer die erste, die an den Schreibtisch zurückkehrte.
Die anderen blickten ihr verblüfft nach, verzogen das Gesicht und der Gieseking entfuhr: »Auf ein paar alte Eulen könnten wir schon verzichten, guckt euch die Ida an, was die an einem Tag schafft, erledige ich in der halben Zeit.«
»Die guten ins Töpfchen, die schlechten ins Kröpfchen«, witzelte Vera, während sie zusammen die verqualmte Küche verließen.
Wild wirbelten ihnen in den nächsten Stunden die Gedanken durcheinander, nur mühsam konzentrierten sie sich auf Kundennummern und Bestellmengen. Alle alten Sünden fielen ihnen siedendheiß ein, der letzte Streit mit Auge, eine patzige Antwort, häufiges Zuspätkommen oder der eine Montag, an dem sie blaumachten.
Ob mir meine Kur schadet, dachte eine, vielleicht sollte ich lie-

ber nicht ... Die Jahre im Betrieb wurden zusammengezählt und Ida Gerlach dachte stolz: Ich bin am längsten von allen da, ich habe mir nie etwas zuschulden kommen lassen.

In den nächsten Tagen breitete sich eine merkwürdige Schweigsamkeit in der Abteilung aus. Brennend gern hätten sie mehr gewußt über dieses Gerücht, aber in so einer Situation redete man besser nicht zuviel. Mit einem fremden Blick wurde die Kollegin gemustert, sie oder ich? Alle behielten ihre Befürchtungen für sich.
»Ich riskiere keine dicke Lippe«, hatte Vera zu Hause erklärt, »erstmal abwarten, was geschieht.« Die junge flotte Gieseking machte sich am wenigsten Sorgen und sie legte ihre Worte nicht auf die Goldwaage.
»Sagt mal, wie alt ist Frau Gerlach«, fragte sie und auf das »Wieso« ließ sie nur rotzig und seelenruhig fallen: »Man macht sich so seine Gedanken.«
Sie belauerten Auge, der kein Wort verlauten ließ und nur im kleinsten, vertrauten Kreis tauschten sie Beobachtungen aus. »Widerlich«, empörten sie sich und nahmen dabei eine Kollegin aufs Korn, »wie die schon wieder versucht, sich beim Auge lieb Kind zu machen. Das könnte ich nie.« Und sie schüttelten sich.
Immer öfter galten Ida Gerlach boshafte Bemerkungen. Sie ist so langsam, wurde gestöhnt, sie liest dauernd falsch ab, so jemand ist eine Zumutung für die Firma. Sie fragten Ida Gerlach nach dem Alter und murmelten vielsagend: »Da haben Sie es nicht mehr weit bis zur Rente.«
Ida Gerlach tat so, als merke sie nichts. Sie hielt sich an ihre Arbeit, beflissener als vorher, versuchte, dem Abteilungsleiter alles recht zu machen, kam als erste, blieb oft am längsten, arbeitete Mittagspausen durch in nervöser Hast und biß dabei verstohlen in ein mitgebrachtes Wurstbrötchen. »Guten Morgen«, sagte sie, und mittags »Mahlzeit« und sonst nicht viel mehr. Wenn die anderen in den Pausenraum gingen, blickte sie ihnen mit zusammengekniffenen Lippen nach. Verächtlich mag ihr durch den Kopf geschossen sein, da reden sie und reden sie und ich mach die Arbeit. Aber auch ihr tat der Rücken weh vom ewigen Sitzen und sie blinzelte mehrmals heftig mit den Augen, um das leichte Flimmern zu vertreiben. Nein, die Arbeit ging ihr nicht leicht von der Hand und sie erlaubte sich einen kleinen Seufzer.
Aber auch wenn sie bienenfleißig am Bildschirm saß und nie

mit ihrer Ablage in Rückstand war, sie konnte mit den anderen nicht mithalten. Sie wurde am Bildschirm schnell nervös, wenn etwas nicht gleich klappte, machte häufig Fehler, kam nicht von der Stelle. Unruhig blickte sie sich dann um, wischte sich verstohlen die feuchten Hände an einem Taschentuch ab, raffte sich auf und huschte zum Abteilungsleiter. Sonst hatte sie meistens Vera um Rat gefragt. Schließlich wurde es Auge zuviel und alle bekamen mit, wie er Ida Gerlach anfuhr.

»Stören Sie mich nicht wegen jeder Kleinigkeit. Fragen Sie Ihre Kolleginnen. Außerdem müßten Sie den Fehler selber finden, Sie machen es doch schließlich lange genug.«

Steif, mit rotem Kopf, kehrte Ida auf ihren Platz zurück, putzte sich die Nase, zerknüllte das Taschentuch in ihren Händen, während sie auf den Bildschirm starrte. Alma Gieseking grinste spöttisch, Vera hatte ein mitleidiges Herz und bot ihre Hilfe an.

»Laßt mich in Ruhe!« Ida fuhr auf, ihre Stimme hob sich schrill und anklagend. »Ich brauch eure Hilfe nicht, ich hab die ganzen Jahre meine Arbeit alleine gemacht.«

Unerwartet warf sie der Gieseking einen schnellen, bösartigen Blick zu: »Ich habe mir nie etwas zuschulden kommen lassen, aber da gibt es andere, die stundenlang verschwinden, wenn der Chef nicht da ist. Ich habe immer geschwiegen zu dem, was ich gesehen habe, aber damit ist Schluß.«

Sie starrten sich an, Ida Gerlach schwer atmend, die Gieseking leicht verdattert.

»Was ist hier los?« Auge stand an der Tür, mit falschem Lächeln. Hatte er etwas mitbekommen?

Mißstimmiges Schweigen hing über der Abteilung, Kollegen, die zu einem Schwatz hereinschauten, wurden mit einem brummigen »Hier wird gearbeitet« abgefertigt.

Auge war zufrieden. Er genoß es, seine Damen so in Schwung gebracht zu haben. Verlangte er ein Längerbleiben, sagten die Frauen »Selbstverständlich«; fuhr er eine an, gab es zwar zusammengekniffene Lippen, aber mit patzigen Antworten hielten sie sich zurück. Besser jetzt keinen Ärger mit Auge, dachte jede bei sich.

Als der Abteilungsleiter in der Tür stand, leicht auf den Fußspitzen wippte und bei leicht angewinkelten Armen die Finger aneinander rieb, wußten sie, jetzt kommt etwas.

»Meine Damen«, seine Stimme erhob sich, »so geht das nicht weiter. Der Lagerleiter reklamiert schon wieder, daß falsch fakturiert wurde. Dieses schlampige Arbeiten hört mir auf, dem

werde ich auf den Grund gehen.« Und Sie, Frau Gerlach, möchte ich gerne einen Moment sprechen.«
Ida Gerlach zuckte zusammen, wurde rot und blaß im Gesicht und ihre Finger krampften sich. Sie folgte ihm in sein Büro, eine ungelenke knochige Gestalt und ihre Stimme erklang dünn durch die Tür: »Ich mache alles akkurat, akkurat, Herr Auge, das wissen Sie doch. Zwanzig Jahre bin ich schon in der Firma, über mich hat sich noch niemand beschweren müssen.«
In der Mittagspause saß sie stumm in der Küche, ihr hageres Gesicht grämlich verzogen. Immer trug sie schwarze oder graue Kleider, altmodisch und düster, und das war auch nicht anders gewesen, als ihr Mann noch nicht tot war. Sie führte ein Schattendasein am Rande der Abteilung, stand nur einmal kurz im Mittelpunkt neugierigen Mitleids, als ihr Mann gestorben war. Sie wohnte alleine, denn die Tochter hatte sich in eine andere Stadt verheiratet.
Manchmal hatte sie früher selbstgebackenen Kuchen mitgebracht und ihn mit verlegenem Lächeln angeboten: »Nehmt, nehmt, er wird bei mir nur alt, ich bin doch jetzt alleine.« Sie lächelten darüber, daß Ida Gerlach immer zuerst dem Abteilungsleiter ein Stück Kuchen brachte, immer eine Serviette zulegte und auch noch den Kaffee hinterherschleppte.
Die dicke Vera, Hausfrau und nach Ida Gerlach am längsten in der Firma, hielt das kummervolle Schweigen von Ida nicht mehr aus.
»Nimm es nicht so tragisch, Auge mosert in letzter Zeit dauernd rum«, sagte sie.
»Schikanieren laß ich mich nicht, nein, das laß ich mir nicht gefallen«, brach es aus Ida Gerlach hervor. »Da steckt bestimmt die Gieseking hinter, die hat mich angeschwärzt und schlecht gemacht, das weiß ich.«
Sie beruhigte sich etwas und fuhr mit immer noch zitternder Stimme fort: »Was soll ich denn nur machen, auf einmal ist nichts mehr recht. Alle hacken auf mir rum und jetzt auch noch der Auge. Ich weiß schon, die wollen mich nicht mehr.«
Sie flennte.
Vera wußte nicht viel zu trösten.
Aber sie waren danach alle etwas freundlicher zu ihr, auch wenn sie ihren Blick mieden. Den Abgesang hatten sie angestimmt und Ida Gerlach, die nachts in den Stunden, in denen der Schlaf nicht kam, sich quälte und voll Angst an den nächsten Tag dachte, ging am Morgen mit gesenktem Kopf an die Arbeit, ergeben und schweigsam.

Es kam nicht überraschend, als Ida Gerlach an einem Freitag nachmittag zu einem Gespräch gebeten wurde. Steif und aufrecht und ängstlich saß sie vor dem Schreibtisch des Personalchefs, neben ihr hockte Abteilungsleiter Auge, beflissen, eifrig, sich die Finger aneinander reibend.
»Wir kommen Ihnen entgegen«, sagte der Personalchef freundlich, »Sie wissen, wir wissen, daß Ihre Arbeitsleistung nicht zufriedenstellend ist. Aber Sie sind schon so lange bei uns und deswegen haben wir uns entschlossen, Ihnen ein Angebot zu machen.«
Auch wenn die Tochter am Telefon gesagt hatte, Mama, laß dir das nicht gefallen, sie können dich nicht nach so vielen Jahren einfach rausschmeißen, Ida Gerlach unterschrieb. Es war auch keine Kündigung, sondern eine einvernehmliche Aufhebung des Arbeitsvertrages, wie der Personalchef betonte.
»Sie werden zufrieden sein, Frau Gerlach«, sagte er, »Sie bekommen eine schöne Abfindung, wir sind nicht kleinlich.«

Jutta Sickenius

Aus-Weg-Los

Kurt ist 35. Kurt ist arbeitslos. Kurt ist schon seit Jahren arbeitslos – wird es womöglich noch jahrelang sein. Mit 20 machte er sein Abi – erst mit 20, weil er in der Unterprima eine Ehrenrunde absitzen durfte – mit 26 bekam er sein Diplom als Soziologe, danach arbeitete er 2 Jahre in einem Heim für geistig behinderte Kinder. Die Mittel wurden gekürzt – das Heim geschlossen – und Kurt war zum erstenmal arbeitslos, erhielt ein Jahr Arbeitslosengeld, danach Arbeitslosenhilfe, mußte umziehen in eine kleinere Wohnung – die alte war zu teuer.
Nach 2 Jahren Arbeitslosigkeit – die Stellen für Diplomsoziologen waren mittlerweile noch rarer geworden – erhielt er eine Umschulungsmaßnahme vom Arbeitsamt und lernte Schreiner. Nach der Ausbildung – sie dauerte 3 Jahre – war Kurt arbeitslos. Auch die Stellen für Schreiner waren mittlerweile rar geworden.
Kurt meldete sich beim zuständigen Arbeitsamt als arbeitssuchender Diplom-Soziologe oder Schreiner in der ganzen BRD einschließlich West-Berlin. Kurt war flexibel. Wenn er sich als Schreiner vorstellte, war die Antwort: »... und wissen Sie,

eigentlich hatten wir uns ja einen jüngeren Mann vorgestellt, mit etwas Berufserfahrung. Und Sie sind ja schon über 30 und haben keinerlei Praxis ...« Bewarb er sich als Diplom-Soziologe dann war er zu alt, zu lange aus dem Bereich »draußen« und hatte ja überhaupt nur mit geistig behinderten Kindern Erfahrung.
Sein Anspruch auf Arbeitslosengeld war abgelaufen, er jobbte in einer Porzellanfabrik am Ort, stand den ganzen Tag am Band, nahm die Teller herunter, kontrollierte und stapelte sie, am ersten Tag ein paar hundert, dann tausend, später vier- bis fünftausend pro Tag. Hingreifen, ansehen, ablegen, 5000 mal am Tag, Zigarette zwischendurch auf dem Klo und keine Gespräche mit den Kollegen. Man könnte sonst danebengreifen.
Zuhause wurde er immer stiller, schien auch hier Angst zu haben »danebenzugreifen« – im Ton, oder wo auch immer. Seine Freundin schickte er weg – hatten sie noch vor Wochen geplant, ein gemeinsames Leben aufzubauen, glaubte er nun, sie hätten keine Zukunft mehr – ohne Berufsaussichten, ohne Geld und immer auf der Suche.
Früher hatte er wenigstens noch gesucht, als er arbeitslos war, hatte gelesen, sich ständig über die Entwicklungen im soziologischen Bereich auf dem laufenden gehalten, auch noch während seiner Schreinerausbildung; heute suchte sie für ihn, suchte Arbeit, eine neue Wohnung, Freunde – einen Bekanntenkreis wenigstens.
Sie fand eine Stelle als Schreiner für ihn – an der er letzten Endes doch nicht angenommen wurde, eine neue Wohnung – die nur an jemanden mit gesichertem Einkommen vermietet werden sollte, einen Bekanntenkreis – der sich aber mehr mit ihr als mit ihm beschäftigte. Sie hatte alles für ihn organisieren wollen, hatte alles geschafft, er hatte alles versaut. Sie war die Erfolgreiche, die er nur behinderte, also mußte er gehen, sie befreien von ihm – dachte er.
Liebe? Natürlich liebte er sie, brauchte sie, konnte sich ein Leben ohne sie gar nicht vorstellen, genausowenig wie sie sich ein Leben ohne ihn vorstellen konnte. Aber Liebe allein genügt nun mal nicht. Dachte er. Er schickte sie weg – sie ging nicht, er schickte sie immer wieder weg – bis ihr schließlich nichts anderes blieb als zu gehen. Sie ging.
Als sie weg war, schaffte er keine 5000 Teller mehr am Tag, höchstens noch zweitausend, mal zweitausendfünfhundert. Bald darauf fand er im Briefkasten seine Kündigung.
Kurt war arbeitslos, nach wenigen Monaten als Hilfsarbeiter in der Porzellanfabrik.

Kurt war ohne Frau, nach 14 Jahren Schule, 6 Jahren Studium, 2 Jahren Arbeit, 2 Jahren Arbeitslosigkeit, 3 Jahren Ausbildung, weiteren 2 Jahren Arbeitslosigkeit und wenigen Monaten als Hilfsarbeiter in der Porzellanfabrik.
Kurt sitzt am Schreibtisch und starrt auf die zugezogenen Gardinen am gegenüberliegenden Fenster. Die Schreibtischlampe zieht einen kreisrunden Kegel auf dem Papierstapel vor ihm. Die matten Strahlen der Abendsonne über dem dunstverhangenen Himmel können sein enges Hinterhofzimmer nicht erleuchten. Rechts von ihm stehen gut 20 Meter Bücher auf wakkeligen Ikea-Regalen. Links knistern die letzten Holzscheite im Kohleofen. Die Matratze auf dem Boden trägt das vom Schlaf noch zerwühlte Bettzeug.
Er legt seinen Kopf auf die vor ihm liegenden Briefe: »... müssen wir ihnen leider mitteilen, daß in Ihrem Kündigungsschutzprozeß keine Erfolgsaussichten bestehen, so daß wir nach Paragraph sowieso unserer Satzung den Rechtsschutz ablehnen müssen ...« »... teilen wir ihnen mit, daß kein Anspruch auf Arbeitslosengeld besteht, da Sie die Voraussetzungen zur Anspruchsberechtigung nicht erfüllen ...« »... kündigen wir Ihnen aufgrund Paragraph sowieso wegen Eigenbedarf die Wohnung zum ...«
»Aussichtslos, alles aussichtslos,« denkt er, »in acht Wochen sitze ich auf der Straße, ohne Geld, keine Wohnung, keine Arbeit. Ob Ausbildung oder Studium oder beides, wenn Du hier mal arbeitslos warst, bist du abgeschrieben, hast keine Chance mehr, wirst immer älter, einsamer, steigst ab. Und je älter du wirst, je einsamer, je mehr du absteigst, desto weniger Chancen hast du. Und wen kümmert das? Die, die arbeitslos sind, schaffens nicht mehr, was zusammen zu machen. Sie werden als Außenseiter behandelt und verhalten sich auch so. Die, die noch Arbeit haben, ducken sich und kuschen. Nur nicht auffallen, immer mehr arbeiten, besser sein als die anderen, nur um den eigenen Arbeitsplatz zu behalten. Die merken ja gar nicht mehr wie sie kaputt gemacht werden, wollens gar nicht merken, Hauptsache sie »dürfen« noch arbeiten – egal zu welchen Bedingungen. Und unsere Regierung? Macht Beschäftigungsprogramme, für die sie kein Geld hat – das wird nämlich für die Rüstung gebraucht. Spielt die Arbeitslosenzahlen runter, läßt einfach ganze Schichten aus der Statistik herausfallen, verschärft die Bestimmungen für Arbeitslosengeld und streicht das Geld für die Sozialleistungen. Und ich? Bei mir ist nur noch Müdigkeit, Gelähmtheit. Ich möchte in einen riesig langen

Schlaf fallen und ohne Probleme aufwachen. Da das nicht geht, bleibt die Frage, ob ich überhaupt wieder aufwachen will? Ohne Probleme! Vielleicht sollte ich nen ordentlichen Bruch machen. Nen Bankraub vielleicht. Wenns gut geht – irgendwohin und neu anfangen. Wenn sie mich schnappen – immer noch besser als so. Dann hab ich wenigstens ein Dach überm Kopf und was zu essen, aber so?
Mein Gott, was hätte das noch mit mir zu tun. So weit haben sie mich gebracht. Kaputtgemacht, total kaputtgemacht. Sie haben mir einfach »Berufsverbot« oder besser »Arbeitsverbot« gegeben.
Auswegslosigkeit – ohne Weg sein. Wenn man ohne Weg ist, bleibt man stehen und guckt wies weitergeht. Welchen Weg man weiter geht. Aber ich kann ja nicht mal mehr stehen bleiben – Aus-weg-los.«
Kurt nimmt einen Stift und kritzelt auf der Schreibtischunterlage. Aus-weg-los, steht da, immer wieder Aus-weg-los.
Als man seine Wohnung später räumt und seine Freundin noch einige Sachen rausholen will, findet sie auf seinem Schreibtisch noch einen Zettel mit fast unleserlich dahingekleckstenZeilen:

Und wenn der Arbeiter auf Erden
Nicht kann zum Proletarier werden
Und lernen was uns Marx gegeben
in seiner Schrift »Das Kapital«
Dann bleibt mir nur noch eine Wahl
Um zu beenden meine Qual.

30 Stunden sind zu viel

Heinrich Droege

Geschichten von Karl und Heinrich

30 Stunden sind zu viel

Das schrie Karl über die Köpfe der versammelten Kollegen hinweg in die rauchschwangere Kantine. Er schrie es als Antwort auf die provokatorische Frage des Betriebsleiters, ob die Leute demnächst vielleicht auch noch die 30-Stunden-Woche fordern würden.

Kaum jemand hatte das als Karls wirkliche Meinung angenommen, auch Heinrich nicht. Alle dachten, der Karl hat sich geärgert über die Provokation des Betriebsleiters, besonders über sein maliziöses Grinsen. Erstaunt waren die Kollegen, als Karl ihnen sagte, das sei wirklich seine Meinung: Dreißig Stunden sind zu viel!

Der Karl spinnt! – Jetzt dreht der Karl durch! – Der will nen Jagdschein, plemm plemm, ne Schraube locker! – Der will sich in einem Nervensanatorium ausruhen! – kommentierten die Kollegen, die nach der Betriebsversammlung noch ein Bierchen tranken. Karl saß mitten unter ihnen.

»Ihr lauft mal wieder hinterher, schlimmer, ihr hinkt hinterher«, sagte Karl betont ruhig.

»Tun wir doch immer, Karl«, sagte Heinrich, »wissen wir; uns haben sie verkrüppelt, auch in der Birne – wir hinken, klar, Hauptsache, du hinkst nicht und hast den großen Durchblick.«

So wurde noch eine Zeitlang hin- und hergefrozzelt, dann aber schlug Heinrich auf den Tisch. »Alles hat seine Zeit, auch das Frozzeln und Flaxen; aber jetzt reden wir mal ernst. Karl, laß deine Weisheit raus.«

»Schon mal was von Chips gehört –?« setzte Karl an, wurde aber sofort unterbrochen von einem Kollegen. »Klar, Kartoffelchips, hat mir meine Frau verboten zu knabbern beim Fernsehen, ich würde zu dick davon.«

Heinrich mußte nochmals bitten, mal für 10 Minuten ernsthaft zu bleiben. »Es fällt schwer nach 3 Stunden Betriebsversammlung, – ich weiß.«

Um nicht wieder ein Stichwort zum Blödeln zu geben, sagte Karl jetzt Mikroprozessoren statt Chips. Gehört davon hatten

alle, auch davon, was diese Winzlinge für die Wirtschaft und die Produktion bedeuten. Über die Automatisierung und was das für Auswirkungen auf Arbeitsplätze hat, wußten die Kollegen auch Bescheid.
Hast ja sogar recht Karl, stimmten einige Kollegen zu. Nur: wer soll das bezahlen?
»Wir! Wir alle, ich und Heinrich und Otto und wir alle, die wir hier sitzen. Alle Arbeitnehmer in diesem Land. Unsere Arbeit machts möglich, unser Chrips auch. Wieso sollen denn nur die Unternehmer den Rahm abschöpfen? Wer konstruiert und baut denn die Automaten? Die Herren Aktionäre vielleicht? – Wir alle bauen diese Dinger, und wenn wir uns nicht weigern wollen, sie zu bauen, wenn wir nicht zu Maschinenstürmern werden wollen und alle Automaten und Bildschirme und Computer zerschlagen wollen, dann müssen wir unseren Anteil am Gewinn fordern, und zwar in Form von Zeit. Diese Dinger arbeiten nämlich für uns, arbeiten an unserer Statt. Wo bisher 5 Mann gearbeitet haben, arbeiten heute 2 Mann und 3 Automaten. Das wißt ihr doch alles.«
»Für mich arbeitet kein Automat, leider«, warf Otto ein.
»Auch für dich arbeitet eine Maschine, mit dir, zugegeben; die Bohrmaschine, die Fräse –. Was glaubst du, wie dein Großvater mit Feile und Handbohrer 4 Stunden gearbeitet hat, um das Werkstück zu machen, das du mit deiner Maschine in 20 Minuten machst. Weils diese Maschinen gibt, arbeiten wir heute 40 Stunden statt 70, wie unsere Altvordern noch.«
Karl schwieg. So lange redete er sonst nie, und so belehrend schon gar nicht.
»Und weiter! Laß hören!« forderten die Kollegen ihn auf.
»Wißt ihr doch alles. Ich rede mir das Maul fusselig und habe nichts Neues zu sagen. Daß unsre Großväter und Väter gekämpft haben um die 55 Stunden, um die 48 Stunden, das wißt ihr. Daß die Unternehmer freiwillig nix geben, wißt ihr auch. Was soll ich noch sagen? Ich weiß nur, daß wir Arbeitslose wie Sand am Meer haben werden, wenn nicht bald und durchschlagend eine Arbeitszeitverkürzung kommt.«
»Das ist's!« sagte Heinrich wichtig, und er erhob den Zeigefinger, den er dann lange und wie ein Ausrufezeichen in der Luft vor den Augen aller stehen ließ. Bald und durchschlagend! muß sie kommen. Aber ich fürchte daraus wird nix.«
»Na ja, nicht gleich auf 30 Stunden, wie ich fordere«, meinte Karl, »aber auf 35 Stunden haben wir uns ja geeinigt. Die aber müssen wir schnell und wenn möglich auf einen Schlag schaf-

fen. Eine Stunde bringt nicht viel, macht sich aufem Arbeitsmarkt – wasn scheußliches Wort: Arbeitsmarkt; aber das triffts genau: Markt – macht sich kaum bemerkbar, da müssen wir nur schneller und härter wuhlacken und die rationalisieren noch doller.«

»Rationalisieren tun die sowieso«, sagte ein Kollege wissend.

»Aber recht haste Karl, und ich wäre ja auch für 30 Stunden. Weißt du auch warum? Weil ich dann mehr Zeit hätte zu saufen, und ab und zu könnte ich einen Einbruch machen, und meine Frau könnte ich noch öfter vertrimmen. Das hab ich nämlich vorige Woche gelesen: Die Arbeiter können mit ihrer Freizeit nichts Sinnvolles anfangen. Wenn die Arbeitszeit weiter reduziert würde, dann würde Alkohol- und Drogenmißbrauch schlimme Formen annehmen, die Kriminalität würde steigen, und es käme zu mehr Reibereien in der Ehe. Das hat so ein Dummschwätzer geschrieben, so ein Überschlauer, der natürlich intelligent genug ist, um mit seiner Freizeit was Vernünftiges anzufangen, zum Beispiel so blödsinnige Behauptungen aufzustellen und zu Papier bringen.«

»Dabei sind mir auch große Klasse. Wie du das gesagt hast: Zu Papier bringe! Die denke, mir könnte dazu nur *uffschreibe* sagen.«

»Aber der Schorsch hat mich auf eine Idee gebracht«, feixte Heinrich. »Wenn ich mehr Freizeit hätte, dann könnt ich noch ein paar Quadratmeter mehr untern Spaten nehmen und Mohn und Hasch anbaue; das bringt sicher mehr als Salat und Tomaten. Und wenn Ernte ist, dann lade ich euch alle ein und dann gönne mir uns einen Tschoint.«

Und damit war die Runde wieder beim Flaxen und Albern. Für heute endgültig.

Recht auf Arbeit

Manchmal hörten die Männer beim Arbeiten nebenher Radio. Der Meister wollte das nicht dulden, hatte es auch schon verboten, aber kaum hatte er den Rücken gekehrt, spielte das Radio wieder. Und so hörten sie denn eines Tages in den Nachrichten, das Bundesverfassungsgericht sähe keine Notwendigkeit, das Recht auf Arbeit in der Verfassung ausdrücklich zu verankern, da es ein selbstverständliches Grundrecht sei.

»Das ist mir neu«, sagte Heinrich, »und es stimmt ja auch nicht.«

»Wieso nicht?« fragte Karl. »Niemand darf in unserem freiheitlichen Land am Arbeiten gehindert werden, weder die Frau in der Küche, noch der Mann im Schrebergarten. Selbst Kindern in der Schule darf das Arbeiten nicht verwehrt werden, und viele fortschrittliche Lehrer tragen den Kindern sogar Hausaufgaben auf.«

»Ja, wenn du das so siehst«, sagte Heinrich, und ging auf Karls Ton ein. »So habe ich das nie gesehen, aber so muß ich es wohl sehen. Unsere Regierung tut ja auch tatsächlich alles – wie es sich in einem freiheitlich-demokratischen Land gehört – jedem Bürger Arbeit zu verschaffen: so wurde ja gerade jetzt die Ersatzdienstzeit von 15 auf 18 Monate erhöht, und ein Gesetz zur Einführung eines Arbeitsdienstes ist in Vorbereitung. Sogar an eine Dienstverpflichtung von Frauen ist gedacht.«

»Da siehst du, wie fürsorglich an das Volk gedacht wird«, sagte Karl, »und wie die Gewerkschaften versuchen, Unruhe ins Volk zu tragen, indem sie Worte wie *Arbeitslose* gebrauchen, die es in Wahrheit gar nicht gibt. Über 2½ Millionen Arbeitslose gäbe es, hat der DGB-Vorsitzende gerade gestern gesagt. Dabei kann jeder arbeiten, der arbeiten will, deine Frau in der Küche, du in deinem Keller – oder hast du da nichts zu tun?«

»Der Bundesinnenminister hat, habe ich gehört, die Duden-Kommission angewiesen, das Wort Arbeitslose aus dem Wortschatz der deutschen Sprache zu tilgen, damit nicht weiterhin Schindluder damit getrieben wird.«

Von Tieren lernen

Heinrich hielt sich – wie die meisten Deutschen – für einen Tierfreund. Meisenringe hing er im Winter in den Baum vorm Fenster, die Kuchenkrümel vom Kaffeetisch schüttelte er auf die Terrasse, stand dann im warmen Zimmer und beobachtete durch die Glastür die Vögel.

Er hatte eine Kehrschaufel Krumen vom Weihnachtsstollen auf die Platten geschüttet. Ein großer schwarzer Vogel und eine Schar von Spatzen machten sich darüber her. Der große Vogel pickte mit seinem langen gelben Schnabel nach den Spatzen rechts, verscheuchte sie, hackte dann nach den Spatzen links, und vertrieb sie von den Krumen – aber da waren die Spatzen rechts schon wieder da und ergatterten eine Rosine und ein Stückchen Rinde. So ging das eine ganze Weile, bis kein einziges Krümchen mehr übrig war. Die Spatzen hatten alle aufgepickt. Der große, schwarze Vogel, mit seinem langen gelben Schnabel, hatte nichts abbekommen, er war viel zu sehr damit beschäftigt gewesen, die Spatzen am Fressen zu hindern.

Dialog des Monats
Als vom besten Dialog des Monats berichtete Karl seinen Kollegen von folgendem Gespräch:
»Uhrmacher wollen Sie werden?« fragte der Berufsberater den Schulabgänger.
»Ja, Uhrmacher«, sagte der Junge.
»Es gibt arbeitslose Uhrmacher wie Sand am Meer«, sagte der Berufsberater. »Warum also gerade Uhrmacher?«
»Weil ich sowieso arbeitslos werde«, sagte der Junge, »und da möchte ich es schon in einem Beruf werden, der mir Spaß macht.«

Von wahrer Solidarität
Die Sache war entschieden. Sieben Kollegen waren entlassen worden; Karl und Heinrich waren nicht dabei. Dennoch waren beide bedrückt, als sie durchs Tor gingen.
»Jeder war froh, daß es ihn nicht getroffen hatte – auch ich«, sagte Heinrich. »Jeder hat in den letzten Wochen noch einen Zahn mehr zugelegt, hat Arbeiten gemacht, die er nicht hätte machen müssen. Auch ich.«
Karl trottete neben Heinrich her und sagte nichts, sinnierte für sich, nickte ab und zu vielsagend mit dem Kopf.
»Warum sagst du denn nix?« fragte Heinrich aufgebracht.
»Ich denk an eine Geschichte, die mir meine Zahnärztin vor ein paar Wochen erzählt hat, während sie mir in der Gusch rumgefuhrwerkt hat. Die war im Urlaub in Indien, die Zahnärztin, und ist dort den ganzen Tag in einer großen staubigen Stadt rumgerannt, von einer Sehenswürdigkeit zur anderen, und als sie einen Schuhputzer am Randstein sitzen sah, hat sie sich von dem die Schuhe wienern lassen. Dabei hat ihr der Mann einen von ihren hohen Absätzen abgebrochen, extra abgebrochen, wie die Zahnärztin fest und steif behauptet. Die Frau hatte noch einen weiten Weg vor sich, den hätte sie humpelnd mit einem Absatz nicht laufen können. Der hilfsbereite Schuhputzer sprach einen jungen Mann an, der vor einem alten abgewrackten Auto rumlungerte und bat ihn, die Dame zu einem Schuhmacher zu fahren. Für Einemarkfünfzig brachte er sie dann auch tatsächlich zu einem Schuhmacher, und dort hat sie in nullkommanix für zwei Mark einen neuen Absatz an ihren Schuh gemacht bekommen.«
»Das nenne ich wahre Solidarität!« sagte Heinrich nach einer Weile.

Fünftagerennen
Müde und kaputt findet sich Heinrich am Freitag nach Arbeitsschluß vor den Toren der Fabrik. Er ist völlig ausgelaugt, setzt mechanisch Fuß vor Fuß, geht wie in Trance, nimmt kaum seine Umwelt wahr. Als ihm das bewußt wird, bleibt er stehen, dehnt sich, pumpt Luft in seine Lungen, schüttelt die Glieder, als schüttele er eine Last von seinem Körper. Er ist geschafft, müde, rechtschaffen müde auch, aber nicht so sehr körperlich müde, wie er nach einem Tag gliederdehnender und muskelschwellender Arbeit ist, es ist mehr eine Mattigkeit von Innen heraus. Leere in seinem Kopf, ein schales Gefühl in sich und allem gegenüber.
Nicht einmal so recht aufs Wochenende kann er sich freuen. Meist freut er sich, dann mal ausschlafen zu können, gemütlich zu Frühstücken mit der Frau und den Kindern. Später fährt er meist Fahrrad oder die Familie geht gemeinsam Schwimmen. Er hat viel zu wenig Zeit für sich und die Familie, zu wenig aktive Zeit. Wenn er nur rumhängt nachdem er zu Hause ist, müde, betäubt noch vom Lärm und den Dämpfen in den Fabrikhallen, dann ist das kein Leben mit der Familie; meist schläft er später vorm Fernseher ein.
Er beschließt, wieder einmal in die Kneipe zu gehen. Selten macht er das, gleich nach Arbeitsschluß einen trinken gehen. Er hofft, sich besser zu fühlen nach einem Bier. In der Kneipe trifft er einen Kollegen, der vor 6 Monaten entlassen worden war. »Was machst du denn hier?« fragt er den Kollegen, »wohnst doch in einem ganz entfernten Stadtteil.«
»Das schon, aber ab und zu komme ich hier ein Bier trinken. Hier habe ich doch oft mit den Kollegen früher am Tresen gestanden nach Schichtschluß. Das war meine Stammkneipe, eine andere habe ich nicht.«
»Such dir halt ne andere«, sagt Heinrich. »Kannst doch nicht immer hier rausfahren.«
»Kommt schon noch«, meint der Kollege. »War ja immerhin vier Jahre in dem Laden hier.«
»In dem Scheißladen«, verbessert ihn Karl. »Sei froh, daß du draußen bist.«
»Bin ich aber nicht. Manchmal wars auch schön.«
»Hast du noch nix anderes?«
»Nee. Aussichtslos; Tausende sprechen aufem Arbeitsamt ständig vor.«
Heinrich bestellt ein Bier, und denkt an die große Aufregung vor ein paar Monaten, als raus war, daß fast ein Drittel der Be-

legschaft entlassen werden sollte. Jeder hoffte, daß es den anderen treffen würde. Es wurden dann fast nur unverheiratete junge Kollegen entlassen, die noch nicht sehr lange in der Firma waren und vor allem Frauen, Frauen, deren Männer noch Arbeit hatten. Der Betriebsrat nannte das *nach sozialen Gesichtspunkten auswählen*. Scheiße war das; aber in der Haut des Betriebsrats hätte ich auch nicht stecken mögen, denkt Heinrich.

»Bist ja noch jung, wirst bald was finden, hast einen guten Beruf erlernt – mußt vielleicht nur Geduld haben«, versucht Heinrich den Kollegen zu trösten.

»Hab ja schon 6 Monate Geduld – und muß demnächst von der Sozialhilfe leben – und die Fresse, die sie einem daheim hindrücken. Überall glotzen sie dich blöd an, sehen einen Faulenzer in dir, wenns auch selten einer sagt.«

»So ist das – ich wäre froh, wenn ich den Scheißladen mal ein paar Wochen nicht sehen müßte. Arbeitslos wäre ich nicht; hab zu Hause so viel zu tun, was jetzt alles liegen bleibt.«

»So hab ich auch gedacht, und die ersten 2 Monate ist's auch nicht so schlimm, da haste Arbeit und mit dem Geld kommste auch rum. Aber dann befriedigt das auch nicht mehr, dann langweilst du dich, und irgendwann traust du dich kaum noch unter die Leute, traust dich nicht mehr mitzureden in der Kneipe, gehst nur noch dahin, wo keiner dich kennt.«

»Ich glaube dir, daß es so ist«, sagt Heinrich nach einer Weile. Er trank sein Bier aus und bestellte 2 neue.

»Ein Bier kann ich mir noch selbst bezahlen«, sagte der Kollege.

»Red keinen Stuß, ich gebe einen aus – und nicht weil du arbeitslos bist.«

Heinrich dachte nach und dachte voraus, wie es einmal sein würde, wenn er nicht mehr zur Arbeit gehen müßte, jeden Morgen raus um 5 Uhr. Dunkel noch, wenn er zu Hause wegging, und dunkel schon wieder, wenn er nach Hause kam; – und jeden Tag dasselbe.

»Weißt du«, erzählte Heinrich, »ich fahr doch morgens immer an der Klinik vorbei, und da sehe ich Lichter hinter den Fenstern und denk, die Nachtschwester teilt jetzt die Thermometer aus, und nachher dann schlafen die Patienten noch 2 oder 3 Stunden oder den ganzen Tag. Ich habe mir schon gewünscht, mal fürne Woche dadrin zu liegen, mit ner gesunden Krankheit natürlich.«

»Kann ich verstehen«, sagte der Kollege. »Aber so denkste nur, wenn du Arbeit hast, wenn du mal abends einen gezwitschert

hast und morgens noch todmüde bist. In meiner Situation denkste das nicht.«
»Sei trotzdem froh, daß du weg bist; es wird immer beschissener, der Druck immer größer. Die alte Kumpelatmosphäre gibt es nicht mehr, kaum noch die kleinen Sticheleien und Frozzeleien. Otto erzählt noch nicht mal mehr seine säuischen Witze. Jeder geht noch mehr in der Spur. Ja nicht auffallen, immer ein bißchen besser sein als der andere Kollege. Scheiße! Es sind nicht die Menschen, es ist das System, das uns die Hölle bereitet. Wie ne Epedemie grassiert die Anpasserei und Arschkriecherei. Im Mittelalter gabs die Pest, heute gibts den Leistungsdruck, den Leistungszwang. Such dir ne Arbeit, wo du scheißen kannst, wenn du mußt und wo du auch mal das Maul aufmachen kannst. Glaub mir, so ungern bin ich noch nie zur Arbeit gegangen wie eben. Die machen uns kaputt, menschlich kaputt. Wie soll ich noch Vertrauen oder Hochachtung haben vor einem Kollegen, wenn er sich benimmt, als sei ich sein Feind?!«
»Und wenn du draußen bist, ist's noch schlimmer, das sag ich dir. Viele reden doch schon nicht mehr mit mir, wenn sie mich hier sehen. Weiß nicht, vor was die Angst haben. Daß ich im Personalbüro war vielleicht, wieder eingestellt werden will und sie dafür rausfliegen.«
Heinrich trinkt noch ein drittes Bier mit dem Kollegen, und später auf dem Heimweg ist er zwar immer noch müde und ausgelaugt, aber er freut sich auf den Sonnabend, wenn er das Schrillen des Weckers ignorieren wird – und gegen 8 Uhr wird er Kaffee kochen und die Zeitung aus dem Briefkasten holen und dann – und dann. Und am Montag ein neuer Anlauf: Fünftagerennen – und dann wieder ein Wochenende auf das man sich freuen kann.

Erich Fried

Fünfunddreißig Stunden

Nur 35 Stunden
Das scheint den Herrn nicht gut:
Nur 35 Stunden
Arbeiterzeit und -blut.
35 Stunden:
Ich sähe doch wirklich gern

Grafik: Achim Fahrys, Wiesbaden

mal 35 Stunden
im Werk malochen die Herrn!
Ob 35 Stunden
dann zu wenig wären für sie?
Nein, 35 Stunden,
das ertrügen die Herren nie.

35 Stunden:
Das ist klar, und jeder sieht,
auch bei 35 Stunden
machen sie noch ihren Profit.
Aber 35 Stunden

schafft da und dort Arbeit für den,
dessen Arbeitsplatz ist sonst verschwunden,
der muß sonst leer ausgehn.
Drum: 35 Stunden,
wenn einer für alle steht,
das ist eine gute Losung,
weil es um alle geht.

Und wenn da seit fünfzig Jahren
kein Arbeitskampf mehr war,
so seht hin, was die Jahre waren,
und eines ist dann klar:
Ein Teil von diesen Jahren,
das war Hitlers Arbeitsfront,
ja, das war ein Arbeitsfriede,
in dem sich die Herren gesonnt!
Und dann kam mit den Aufbaujahren
die Wirtschaftswunder-Zeit –
die ist auch längst dahingefahren,
die liegt heut zurück schon weit!

Und 35 Stunden,
das sei gegen Sozialpartnerschaft?! –
Im Gegenteil: jetzt zeigt mal
der Sozialpartner seine Kraft!
35 Stunden –
wir alle wünschen euch Glück.
Man kämpft, indem man vorgeht,
denn von selbst geht es sonst nur zurück.
35 Stunden,
das ist kein leeres Wort.
Die Herren, die wollen euch bremsen,
doch der Fortschritt schreitet fort.
35 Stunden,
ist nur eines, worum es geht.
Drum vorwärts und nicht vergessen
die Solidarität!

Im Zeichen der Solidarität mit den Stahlarbeitern
und als Gruß an sie geschrieben am 3. Dezember 1978.

Peter Schütt

Einfache Rechnung

Fünfmal die Woche
acht Stunden
machen vierzig Stunden
Streß, Arbeitshetze
und Hochofenhitze,
vierzig Stunden
für die Bosse ...

fünfunddreißig
Stunden, das sind
fünf Stunden weniger,
das sind fünf Stunden
mehr für meine Kinder,
für meine Frau
und für mich,
fünf Stunden mehr
für unsere Zärtlichkeit
und für unsere Solidarität.

Horst Scharnagl

Der Dschungel

Es war an einem dieser labbrigen Dezembertage in diesem Winter, der eigentlich kein Winter war, weil es nie richtig kalt wurde, meistens nieselte und milchiger Dunst über den Häusern hing. Wochenlang. Es war um die Mittagszeit, als sich eine Menschenmasse mit Spruchbändern und Megaphon einen Weg durch den dichten Verkehr auf der Friedrich-Ebert-Anlage in Richtung DB-Hauptverwaltung auseinander brach. In der Mehrzahl junge Leute, meistens junge Männer, alles Eisenbahner und sauer bis in die Knochen. »Dol-lin-ger-ist-rück-sichts-los! Macht-uns-al-le ar-beits-los!« riefen sie mit ernsten Gesichtern und megaphonverstärkt in die Straßenschluchten. Sie hatten nichts mehr zu verlieren, weil die meisten nach bestandener Abschlußprüfung sowieso arbeitslos sein würden. Von den dreieinhalbtausend Auslernenden wollte die Bahn nur dreihundert weiter beschäftigen. Sie hatten den monatelangen Verhandlungen zwischen Vorstand und Gewerkschaft abwartend zugesehen. Es hatte sich nichts bewegt. Es sah so aus, als sollten sie auch weiterhin die Dummen sein. Jetzt hatten sie die Schnauze voll.

An die viereinhalbtausend Menschen befanden sich an diesem 15. Dezember auf dem Marsch. Etwas mehr als ein Prozent aller Eisenbahner. Von den Vorstandsetagen des BfG-Hochhauses und der Deutschen Bank aus betrachtet, waren sie nicht einmal durch ein Fernglas zu sehen. Selbst ihre Parolen schluckte schon zwei Straßenzüge weiter der Verkehr. Die Peep-Showbesucher hatten ganz andere Sorgen und die Fixer auf dem Bahnhofsvorplatz waren schon Schlimmeres gewohnt.

Daß überhaupt so viele gekommen waren, wertete die Gewerkschaft schon als einen Erfolg, denn Eisenbahner ließen lieber endlos verhandeln und faule Kompromisse machen, als einmal entschieden auf die Straße zu gehen.

Es war also etwas Besonderes, daß sie zu Tausenden von Hamburg bis München aufgebrochen waren, wenn auch etliche unterwegs an Flipperautomaten und Vorstadttheken oder Sexkinos hängen blieben. Dieses Besondere brachte auch der Vorsitzende der Gewerkschaft zu Beginn seiner Rede im Innenhof der Hauptverwaltung zum Ausdruck, als er »Das Maß ischt voll!« rief, leicht schwäbelnd über die Köpfe seiner Basis hinweg in Glaswände und Bürokratenbeton hinein. Denn das hätte er noch vor zwei Jahren nicht in den Mund genommen, was alle Herumstehenden aufmerken ließ und sogar die Glaswände Löcher bekamen, neugierige Beamtengesichter freundlich über die willkommene Unterbrechung der Monotonie Interesse zeigten. »Dieser Kanzler ersetzt Politik durch Sprüche!« fuhr er fort, »Aber damit werden die Probleme nicht gelöst! Es ist ein Skandal, daß in einem der reichsten Länder der Welt über eine Viertelmillion Jugendliche keine Arbeit finden, nichtmal eine Lehrstelle!«

In der Menge stand Inge an ihren Ullibär gelehnt und hörte dem Schwaben interessiert zu. Wenn sich in den nächsten Tagen und Wochen nichts Grundsätzliches an der Entscheidung des Vorstandes änderte, dann hatte sie nach der Prüfung keine Arbeit mehr. Deshalb stand sie jetzt hier. Die Kündigung lag schon lange zuhause auf dem Tisch. Aber irgendetwas stimmte hier nicht. Irgendwie plätscherten die starken Worte des Vorsitzenden in wohlwollende Gesichter hinein, klatschten selbst jene Beifall, die für die Stellenbesetzungsrichtlinien verantwortlich zeichneten, kam der Schwabe nach einigen Umwegen zur altbekannten Strategie zurück; »Wir werden alles tun, um den Vorstand zu bewegen ...!« Das aber sagten die Gewerkschaftsoberen schon seit Bekanntwerden der Sparpläne. Sie zog sich die Kopfhörer ihres Walkman über die Ohren und ließ sich Niedeckens ›10. Juni‹ durch den Kopf dröhnen. Schöner Kontrast zum Schlaffschlappgerede auf der Bühne: ›Denn wat ihr logisch nennt, dat nenn ich pervers, ühr janze Wertigkeit och!‹

Sie bekam deshalb auch nicht mit, wie der Gesamtpersonalratsvorsitzende von einer ›Signalwirkung‹ dieser Demonstration auf die weiteren Verhandlungen sprach und sich so allmählich einige Gesichter verfinsterten. »Als wenn die sich schon jemals von einer solchen Signalwirkung hätten beeinflussen lassen!« – »Klar doch, wenn ich erstmal draußen bin, dann läßt der Vorstand diese Signale auf sich wirken!« – »Sind wir hier beim Kaffeekränzchen oder was?« Inge schaute hinüber zu den offenen Fenstern, betrachtete sich diese Gesichter, die ihr wie Weisungsgesichter vorkamen, fragte sich, warum die denn nicht mit ihnen hier unten im Hof standen. Sind doch bestimmt in der gleichen Gewerkschaft, dachte sie. Aber nix von wegen Leute, laßt das Gaffen sein, kommt herunter, reiht euch ein! Und der gesamte Vorstand hatte die Gardinen vorgezogen. Befand sich bestimmt auf Dienstreise.

Ullibär, ihr Mitbestreiter, Heizofen und Kuschelmuschel schubste sie, rief in ihren Kopfhörer hinein »Los, wir blockieren die Einfahrt, bis ein vernünftiges Ergebnis auf dem Tisch liegt!« und nahm sie einfach am Arm und schob sie durch das Gewühl zur Hofeinfahrt, wo sich langsam und zunächst tröpfchenweise, aber dann doch immer mehr Leute einfanden, gegenüber einem etwas hilflos dreinblickenden Bahnpolizisten Stellung bezogen und in den Hof hinein zu den anderen hin riefen:

»Wir! Wol-len Ar-beit jetzt!« und »Stoppt! Den! Rüs-tungswahn! Tut! was! für! die! Bun-des-bahn!« (um das Thema auch mal zur Sprache zu bringen), was in einigen Köpfen erhebliche Verwirrung verursachte; was lief denn da abseits, was sollte das denn werden? Als die von der Bühne auf das Geschehen an der Einfahrt aufmerksam wurden und der Jugendsekretär die Lage prüfen sollte, waren es schon über hundert, und ständig kamen noch welche dazu. Es entstand eine regelrechte Bewegung unter den Leuten auf dem Hof. Weg von der Bühne, hin zur Einfahrt. Und es dauerte seine Zeit,

bis sich der Jugendsekretär durchgewühlt hatte. Und bis er geschnallt hatte, was hier los war.
Zurück auf der Bühne, steckten die Kollegen da oben erstmal die Köpfe zusammen. Dann zogen sich die Spitzenmänner zurück und überließen dem jungen Mann das Schlußwort, der etwas hilflos und leicht nervös ans Mikro trat: »Kolleginnen und Kollegen, ich darf jetzt erstmal diese Veranstaltung für beendet erklären!« Sie hatte nichtmal eine Stunde gedauert. Besonders den Leuten aus Hamburg und München fiel die Klappe runter. »Wir stehen in Verhandlungen mit dem Vorstand, und ihr könnt sicher sein«, so redete der junge Mann weiter, immer wieder durch das lauter werdende »Wir wollen Arbeit *jetzt*!« gestört, ». . . daß wegen der 300 Übernahmen das letzte Wort noch nicht gesprochen ist! Bitte gebt jetzt die Einfahrt frei, damit die Kollegen noch rechtzeitig ihre Züge erreichen können, und versucht nicht, die heute hier so zahlreich bekundete Solidarität aller Eisenbahner durch Einzelaktionen zu spalten! Wir werden alles tun, was in unserer Macht steht, um den Vorstand zur Übernahme aller Auslernenden zu bewegen!«
Das war's auch schon. Die Mikros wurden abgeschaltet, die Kollegen drängten in Mehrheit zu ihren Zügen, wenn auch einige unter ihnen fluchend. Am Ende standen noch etwa siebzig Leute mit festem Gesichtsausdruck in der naßkalten Betonlandschaft rum, mitleidig belächelt von den Angestellten und Beamten, die an ihnen vorbei in den Feierabend rannten. Sie standen ihnen nichtmal im Weg.

Noch in der Nacht klingelte das Telefon. So gegen drei. Signalstörung bei Marburg. Ullibär hatte gehustet wie ein Traktor, hatte empört geblasen wie ein Walfisch, was von Freiheitsberaubung geflucht und war dann los. Hatte zwischen ihren Schenkeln nur eine Illusion von Berührung hinterlassen, eine Hitze in ihrer Brust, die langsam entwich.
Scheiß Rufbereitschaft! Sie war gerade wieder am Einnicken gewesen, als dieses Ziehen da unten los ging. Unverhofft und fordernd. Vorbei mit dem Schlaf. Als würden Busen und Bauchdecke und Schamlippen aufquellen, sich dehnen bis zum Zerplatzen – und nichts! Bis morgens um fünf. Bis sich dann endlich dieser Knoten irgendwie löste und sie gar nicht schnell genug aufs Klo kam. Und immer diese Schmerzen! Das ganze Rückgrat hoch bis ins Hirn hinein. Ein Gefühl, als würde sie lebendig aufgespießt. Gleich drei Dismenol auf einmal. Und keine Wirkung. Um sechs klingelte der Wecker. Sie hätte sich

am liebsten krank gemeldet. Nehmen Sie die Pille, hatte der Frauenarzt ihr freundlich geraten; vielleicht geht's dann weg. Aber das war ihr denn doch zu gefährlich. Dann schon lieber die Schmerzen. Gegen Mittag hatte Ullibär in der Werkstatt angerufen, daß er jetzt erstmal getilt wäre und sie sollte doch allein zu der Veranstaltung gehen. Er würde sie wahrscheinlich abholen. Aber er könne es halt noch nicht hundertprozentig sagen. Entsprechend war ihre Laune, als sie den großen Saal im Gewerkschaftshaus betrat. Sie war spät dran, die Veranstaltung hatte schon begonnen. Ist der Ausverkauf der Bundesbahn zu stoppen? hieß das Thema. Podiumsdiskussion mit führenden Politikern. Sie schaute sich um. Sitzplätze für bestimmt zweihundert Personen, knapp zur Hälfte besetzt. Davor am breiten Quertisch ein Abgeordneter in hellem Nadelstreifen links sitzend, ein Abgeordneter in dunklem Nadelstreifen rechts sitzend, dazwischen Heinz der Gewerkschaftssekretär, der ihr freundlich zunickte. Ein bißchen müde sah er aus. Würde wohl wieder ein Vierzehnstundentag für ihn werden. Die Jugendgruppe war fast vollständig vertreten. Sie hatten sich gut über die Sitzreihen verteilt. »Wir von der sozialdemokratischen Bundestagsfraktion waren und sind der Meinung, meine Damen und Herren ...« redete der im hellen Nadelstreifen in eindringlichen, fast schon beschwörenden Worten vor sich hin. Eckzahn und Schmal lasen das neueste *Mad* und gackerten immer wieder dazwischen. Geli strickte an einem Pullover. Susanne malte rote Kringel mit dem Filzer auf ihre Lederhose. Sogar Latte und Schleifstein waren gekommen, die neben ihrem Fußballtraining und der Freiwilligen Feuerwehr überhaupt nichts kannten. Und selbst Brille saß da. Neben seinem Vater, der als Werkmeister beste Verbindungen bis ganz nach oben haben sollte. Hatte Brille gesagt. Und schon dafür sorgen würde, daß er bei der Bahn bleiben durfte. Aber der Mann sah sehr nachdenklich aus, wie die meisten der älteren Männer. Die Frauen müssen wohl nach sechs abends zuhause bleiben, kam es Inge in den Kopf, als sie wirklich keine einzige ältere Frau sehen konnte. Nur die Väter waren erschienen. Na, wenigstens war das ein Zeichen dafür, daß ihre Briefaktion an die Eltern nicht ganz ohne Wirkung geblieben war. »Streckenstillegungen, Personalabbau, all diese Rezepte, wodurch man meint, die DB aus den roten Zahlen herausbringen zu können, waren noch nie unsere Sache, wenn dadurch Arbeitsplätze gefährdet werden ...« – »Kürzer!« rief Eckzahn, und der Sozialdemokrat stolperte, schaute etwas gequält, redete holprig weiter. »Haste schon gelesen?« fragte Schmal mit glänzenden Augen, »saustark, sag ich dir!« und hielt ihr das Comic-Heft hin. »Der soll mal langsam Schluß machen«, fauchte Eckzahn, »als seine Genossen noch was zu sagen hatten, ham se nischt getan und jetzt leiert er hier die großen Sprüche aus'm Hut.«

Bello, ihr Mann in der Bezirksjugendvertretung, setzte sich dazu, hielt Inge wortlos, aber mit wichtigem Gesichtsausdruck einen Packen Schreibmaschinenblätter hin. »Hab' ich heute mittag zufällig auf'n Schreibtisch gekriegt«, sagte er. »Kürzer!« rief Eckzahn wieder. ›Programm zur Bekämpfung der Jugendarbeitslosigkeit‹ stand da zu lesen, ›Entwurf der Zukunftskommission Jugend‹ der CDU. Inge blätterte darin. Las hier mal was, dort mal was. Hörte sich gar nicht so gut an; ›Das soziale Jahr ist auszubauen und zu fördern.‹ Oder ›Das Modell der Junghandwerker zur Ausbildungsplatzteilung soll weiterentwickelt werden.‹ Oder ›Berufliche Wanderjahre sind zu fördern.‹ Es kamen noch mehrere Absätze, die sich immer seltsamer lasen. ›Schaffung und Ausbau von Werkeinrichtungen zur Erhaltung und Stärkung der Arbeitsmotivation‹ zum Beispiel.

Der Mann im dunklen Nadelstreifen bekam jetzt das Wort. Die Leute im Saal duckten sich in die Startlöcher. Jetzt wurde es interessant. Von Investitionsanreizen war da die Rede, Zahlungsbilanzdefizit, Umlastung und Neuorientierung des Aufgabenbereichs für die Öffentliche Hand. Der redet so ähnlich, wie das hier so verschachtelt geschrieben steht, dachte Inge. »... kann dem Steuerzahler auf Dauer nicht zugemutet werden, ein Unternehmen zu finanzieren, das seit Jahren mit ständig steigenden Verlusten wirtschaftet ...« Die ersten Zwischenrufe kamen auf. »Was ist mit den zweieinhalb Milliarden Mark, die Sie mehr für Rüstung ausgeben, ist das denn wirtschaftlich?« rief ein älterer Mann. »Wo bleibt das Engagement Ihres Kollegen Dollinger, der sich schriftlich bereit erklärt hat, sich für eine Übernahme der Auszubildenden bei der Bahn einzusetzen!« – »Was ist überhaupt mit der Lehrstellengarantie Ihres Bundeskanzlers?« Heinz mußte um Ruhe bitten. Und der Wirtschaftsanwalt begann zu erklären, ohne auch nur einmal richtig konkret zu werden.

Er redete um den heißen Brei. Privatisierung der Deutschen Bundesbahn, ja oder nein? So einfach könne man das nicht beantworten, sagte er. Und für Herrn Dollinger könne er nicht reden, doch sei er überzeugt, daß dieser alles tun würde und so weiter.

»Sagen Sie uns jetzt endlich mal, was wir unseren Kindern raten können, damit die nicht wieder für die Katz lernen!« rief einer dazwischen, »und reden Sie nicht immer davon, daß alle Politiker alles in ihrer Macht Stehende tun würden! Das tun die sowieso. Aber nicht in unserem Sinne!« Jedoch er ließ sich nicht aus dem Konzept bringen, der Herr Wirtschaftsanwalt: »Wie ich Ihnen schon eingangs gesagt habe ...« Und nochmal von vorne. Selbst Bello konnte ihn durch die Konfrontation mit dem seltsamen Papier zur Bekämpfung der Jugendarbeitslosigkeit nicht aus der Ruhe bringen. »Wir versuchen wenigstens, diese Mißstände nicht einfach so hinzunehmen!« war seine Antwort. Böses Lachen brach an manchen Ecken hervor. Hilfloses Lachen, weil viele nicht wußten, wie sie sich gegen diese zynische Arroganz hätten irgendwie schützen können. Einige der Älteren gingen kopfschüttelnd hinaus. Einige Jüngere kommentierten seine endlosen Ausführungen mit Zwischenrufen. Inge saß schon eine ganze Weile stumm da. Manchmal, wenn sie sich in einer Situation hilflos fühlte, verspürte sie einen gewaltigen Bewegungsdrang. Alles an ihr juckte. Sie hätte sich am ganzen Körper die Haut herunterreißen mögen. Doch ganz tief drinnen war es wie das langsame, gedehnte Ticken einer Uhr. Dumpf und irgendwie traurig. Ohne daß sie sich diese seltsame, gegenläufige Stimmung hätte erklären können. »Und was die Weiterbeschäftigung für die auslernenden Jugendlichen angeht«, sagte er, »so habe ich erfahren, daß die Bundeswehr, beispielsweise die Marine sehr an qualifizierten Fachkräften interessiert ist!« Ein Pfeifkonzert setzte ein. Der ältere Mann von vorhin sprang mit hochrotem Kopf auf und rief: »Fällt Ihnen nichts anderes mehr ein, als arbeitslose Jugendliche zum Arbeitsdienst oder in die Armee zu schicken? Sie, ich habe das schon einmal mitgemacht! Ein zweites Mal werde ich dazu nicht mehr schweigen, Sie!« Heinz hatte Mühe, wieder Ruhe in den Saal zu bringen. Im Großen und Ganzen war die Veranstaltung gelaufen. Die beiden Politiker sprachen ihr Schlußwort in gewohnter Manier und hinterließen Ratlosigkeit. Und Zorn. Bei manchem den Eindruck, einen ganzen Abend sinnlos vertan zu haben.

Bei der nächsten Ortsjugendversammlung, einige Tage später, setzte es harsche Kritik. »Möchte mal wissen, wer uns noch glauben soll, wenn uns die eigene Gewerkschaft in den Rücken fällt« polterte Eckzahn los, »Sind das denen ihre Arbeitsplätze oder unsre? Also müßten sie doch unsere Aktionen unterstützen! Statt dessen wird mal schnell das Mikro abgedreht, wenn mal was nicht so läuft, wie sie es wollen!« Und Inge schlug in die gleiche Kerbe: »Was haben wir schon alles gemacht; symbolischer Gang zum Arbeitsamt, die vielen Aktionen in der Fußgängerzone, Podiumsdiskussionen und Briefaktionen an Eltern und Politiker, doch ich frage mich, was ist bisher effektiv bei rumgekommen? Wir haben erreicht, daß die Bahn doch nicht alle Leute auf die Straße gesetzt hat, wie sie zuerst vor hatte. Wir haben erreicht, daß die Bahn immer noch ein paar mehr Leute zur Ausbildung zugelassen hat, als sie zunächst vorsah. Aber weder die Teilzeitarbeitsverträge für Ausgelernte sind grundsätzlich vom Tisch, noch hat sich an den dreihundert Übernahmen irgendwas geändert. Und für die Zukunft schaut's doch so aus, daß bei der Bahn Stück für Stück die Lehrstellen gestrichen werden. Das kommt noch dazu. Also, wenn ihr mich fragt, dann haben wir ganz schlechte Karten, wenn wir so weitermachen wie bisher. Ich frage mich da echt, was so eine Podiumsdiskussion noch für einen Sinn haben soll, wenn da nur noch Konzepte runtergebetet werden. Das bringt uns keine Arbeitsplätze! Wir hätten gleich zu Anfang, schon vor drei Jahren, als das losging mit dieser Spartaktik der Bahn, da hätten wir streiken sollen. Wir hätten versuchen müssen, nicht nur die Lehrlinge in der Werkstatt, auch die Arbeiter draußen im Betrieb auf unsere Seite zu kriegen. Vielleicht wären wir dann heute weiter. Nur so, wie's im Augenblick läuft, habe ich langsam den Eindruck, daß uns sowieso keiner mehr ernst nimmt. Ich denke, wir müssen uns da schon noch wirkungsvollere Sachen einfallen lassen.« Die anderen hatten aufmerksam zugehört. So unrecht hatten Eckzahn und Inge ja nicht. Das mit dem Streik stand natürlich nicht mehr zur Diskussion. Die Demo in Frankfurt und die Diskussion hatten klar gezeigt, daß die Mehrzahl der Eisenbahner nicht hinter ihnen stand. Daran führte kein Weg mehr vorbei. Oder, wie es ein GdED-Kollege formulierte: ›Man sollte sich doch darüber im klaren sein, daß man die Arbeitsplätze der Alten gefährdet, wenn man sich für die Übernahme der Jungen einsetzen will.‹ Also kam es darauf an, Aktionen zu machen, die noch stärker als bisher von der Öffentlichkeit beachtet würden. Um vielleicht über diesen Weg in den Köpfen einiger Leute einiges zu bewegen.

Die Tage bis zu ihrer Prüfung zogen sich schier endlos. Daß Inge durchfallen würde, stand nicht zu befürchten. Danach gähnte für sie und die meisten anderen ein großes Loch. Es wurde schonmal darüber geredet, was man nach dem Rausschmiß machen werde. Die einen sagten ironisch: »Füße auf'n

Tisch und endlich mal richtig ausspannen.« Oder »Ich setz mich ab nach Hawai und laß mir die Unterstützung überweisen.« Andere büffelten bereits für die Aufnahme an weiterführenden Schulen. Oder glaubten immer noch, mittels guter Beziehungen bleiben zu können. Ein Rest schien jeden Funken Hoffnung und Ehrgeiz längst verloren zu haben. Sie blieben manchmal tagelang verschwunden oder kamen mit Alkoholfahne zur Arbeit.
Die Leute in der Jugendgruppe stopften dieses Loch mit Aktivitäten. Noch waren sie nicht draußen, und bis dahin konnte noch manches passieren. Wenigstens wollten sie nicht so heimlich still und leise von der Bühne abtreten wie die übrigen. Dann sickerte die Nachricht durch, daß nun doch siebenhundert statt dreihundert Auslernende übernommen würden. Und die bereits bestehenden Teilzeitarbeitsverträge sollten in Vollarbeitsverträge umgewandelt werden. Einige schöpften neue Hoffnung. Knieten sich noch stärker als bisher in die Arbeit.
Für Inges Jahrgang hieß das, daß nun drei anstatt nur zwei Lehrlinge nach der Prüfung übernommen würden. Geli als Jugendvertreterin sowieso und dazu noch die beiden Besten. Also würde sich nicht viel ändern.
Inge dachte über dieses Loch nach der Prüfung nicht weiter nach. Seit dem Kündigungsschreiben hatte sie eh das schwammige Gefühl, in der Krone eines hohen Baumes zu sitzen, während unten der Stamm durchgesägt wurde und der allmählich zu stürzen begann. Aber es würde schon nicht so schlimm werden. Ullibär hatte ja seinen Job als Signaltechniker. Und vielleicht konnten sie dann sogar mehr miteinander anfangen, als es zur Zeit möglich war.
Einmal hatte Inge einen seltsamen Traum. Sie lag noch im Halbschlaf, als Ulli ans Bett kam, ihr die Decke weg riß und sie anfauchte, sie solle doch wenigstens für ihn den neuen Wagen anmelden gehen, wenn sie sowieso nichts zu tun habe. Sie hatte sich mit schlechtem Gewissen auf den Weg gemacht. Die Straßen waren noch leer, es hatte gerade erst zu dämmern begonnen. Bei der Kfz-Zulassung standen die Wartenden schon bis hinauf auf die Straße. Frauen und Männer unterschiedlichen Alters, einige Kinder waren darunter. Zentimeter um Zentimeter durften sie in das Gebäude vorrücken, einen Gang hinunter, in dem die Warteschlange geteilt wurde. Eine Tür für Frauen, eine zweite Tür für Männer. Sie war endlich an der Reihe. Name, geboren am, wo, letzter Wohnsitz, letzte Beschäftigung als. »Gehen Sie jetzt diesen Gang ganz durch, dann links,

zweite Tür rechts. Dort melden. Beeilen Sie sich. Hier ihre Nummer.«
Sie lief auch diesen Gang hinunter. Dann links, zweite Tür rechts. Ein großer Raum mit unzähligen Frauen jeden Alters, die eng beieinander standen. Eine Frau in Krankenschwesteruniform nahm ihren Nummernzettel, schob sie quer durch den Raum zur gegenüber liegenden Seite auf einen Bahnsteig hinaus und in einen Zug hinein. Wortlos. Der Zug fuhr sofort an. Die Luft war stickig. Die Fenster ließen sich nicht öffnen. Hier saßen wieder Frauen und Männer gemischt im Abteil. Einige preßten die Nummernzettel an die Stirn, um sie sich besser einprägen zu können. Niemand sagte etwas, niemand schien zu wissen, wohin die Reise ging. Einmal sah Inge draußen auf einem Bahnsteig ihren Ullibär im Blaumann stehen. Er winkte freundlich herüber. Irgendwann verlangsamte der Zug das Tempo und fuhr mit Schrittgeschwindigkeit durch ein hohes Tor mit der Aufschrift ›Arbeit macht frei‹. Da begann sie zu schreien.

›Beim Gongschlag ist es genau sechs Uhr. Sie hören Nachrichten . . .‹ – »Los Ulli, aufstehn, müde Kappe!« rief sie nach nebenan. Stöhn, hust, seufz! ›Schon beim Frühstück stellt sich die Frage nach dem richtigen Brotaufstrich‹ klang es aus dem Radio. Noch fünf Minuten Zeit für eine Tasse Kaffee mit Zigarette. Lederjacke und los. Stand im Flur der Große im Weg, kratzte sich den Bauch. »Is noch Kaffee da?« – »Steht alles auf'm Tisch. Holst du mich ab?« – »'türlich. Denke, so gegen sechs, okay?« Sie nickte. »Tschüß dann, Lieber, ich muß los.« »Na komm, Prinzessin, gib wenigstens Küßchen!« Treppe runter, Hoftor, Straße. Es nieselte. Wie üblich. Im Bus Geli: »Haste alles?« – »Klar doch!« – »Gestern ham se im Frankfurter Hauptbahnhof eine Kehraktion gemacht«, sagte Geli. »Wer ist sie?« – »Die Stifte aus dem letzten Lehrjahr. Haben alle mitgemacht, sagt Bello. Wird heute was in der Zeitung stehen. Soll ganz gut gewesen sein.« – »Und heute wir«, sagte Inge, »na also, es tut sich doch was!«
Am Bahnhof das für diese Uhrzeit übliche Gedränge. Es war punkt halb sieben. Susanne stand gegen einen Stützpfeiler gelehnt und erwartete sie gähnend. Bello kam aus Richtung Gewerkschaftshaus mit einer dickbauchigen Stofftasche unter den Arm geklemmt. Nochmal die Liste abgehakt, und auch ja nichts vergessen. Also, es konnte los gehen. Geli legte die Styroporplatten den vorbeidrängenden Leuten mitten in den Weg.

Sie wichen mürrisch aus. Inge holte die Eisenkette aus der Tasche, zehn Meter lang, und legte sie um einen der Vordachpfeiler. Die ersten Leute fluchten nicht nur, schauten auch etwas verwundert. Susanne klebte den Spruch an den Pfeiler
Ist das der Aufschwung und die Wende? 2800 Auslernende werden arbeitslos! Abbau von 2300 Ausbildungsplätzen bei der DB!
Dann legte Inge sich selbst und ihren beiden Mitstreiterinnen die Kette um die Fußgelenke. Aneinandergekettet, wollten sie den Rest des Tages sitzend verbringen.
Bello ging mit seinen Flugblättern den notorischen Drückebergern ans Leder. Denen, die schon von weitem schnupperten, daß ihre Zivilcourage gefordert sein könnte, und für sowas nie Zeit haben. Und besonders den laschen Jungs vom gleichen Lehrjahr, die sich im hastenden Gewühl ganz gerne unsichtbar gemacht hätten. Die noch gestern mit den seltsamsten Ausreden herumgedruckst hatten; ›hab leider keinen Urlaub mehr‹ und so was. Drei Tage vor ihrem letzten Furz bei der Bahn. Nur ja nichts riskieren. »Eh Brille!« rief Geli, als sie den dürren Hecht zwischen den Pendlern entdeckte, »los, hock dich mit her! Dein Alter kann dir jetzt sowieso nicht mehr helfen!« Der Junge lief dunkelrot an, brachte keinen Ton heraus und hatte es plötzlich sehr eilig. Inge ließ die Thermosflasche kreisen, »aber nehmt nur 'n kleinen Schluck, sonst bekommt ihr Hallus und meint, eine Menschenherde trampelt über euch drüber.«
Es lief besser als die gedacht hatten. Nur wenige Flugblätter landeten im Papierkorb. Die meisten Leute steckten sie in die Tasche, um sie anschließend im Zug zu lesen. Wenn sie ein bißchen mehr Zeit hatten, unterhielten sie sich mit Bello und den Mädchen. Gerade Ältere zeigten Sympathie und Interesse für ihre Aktion, was sie am meisten wunderte. Es verging natürlich nicht viel Zeit, und die Bahnpolizei war zur Stelle. Die beiden Beamten schauten aus einiger Entfernung abwartend herüber, entfernten sich dann, um später mit freundlichen Gesichtern zurückzukehren: »Dürfen wir den Damen eine Kleinigkeit mitbringen?« fragte der ältere, »belegte Brötchen vielleicht, oder was zu trinken?« – »Wir sind gerade auf dem Weg zur Kantine«, sagte der jüngere, »und da Sie uns schlecht begleiten können ...« fügte er mit Blick auf die Kette hinzu, was sie doch einigermaßen überraschte.
Jede Stunde kettete sich eine von ihnen los, vertrat sich die Beine, half Bello beim Flugblattverteilen. Es war zugig hier draußen zwischen den Vordachpfeilern; trotz dicker Thermojacken, zwei Paar Unterhosen und viermal um den Hals gewik-

kelten Schals kroch ihnen die feuchte Kälte bis unter die Haut. Zwar dehnten sich die Minuten im Sitzen doppelt so langsam wie im Stehen, doch über Langeweile oder mangelnde Aufmerksamkeit ihres Publikums konnten sie sich wirklich nicht beklagen. Bis zum Mittag hatte die Blumenfrau vom Kiosk ihnen jeder eine rote Nelke geschenkt und aufgeregt gesagt: »Ich drück Ihnen die Daumen.« Mehr nicht. War schnell wieder im Laden verschwunden. Die Lokalzeitungen hatten Reporter geschickt, die eifrig Notizen und Fotos machten. Und der Mann vom Verfassungsschutz war nicht zu übersehen gewesen, der sie ebenfalls fotografiert hatte. Er schien enttäuscht zu sein, daß sie nur zu viert waren. »Wo sind denn die anderen?« fragte er Susanne, ohne sich vorzustellen. »Welche anderen?« fragte Susanne etwas ärgerlich zurück. »Ah, ich verstehe«, meinte er lächelnd und war gegangen.
Es schien sich allmählich in der Stadt herumgesprochen zu haben, daß da oben am Bahnhof was lief. Denn immer häufiger wußten die Leute schon Bescheid, wenn ihnen Bello ein Flugblatt in die Hand drückte. Was sie aber wirklich überraschte, war ein ganzer Trupp Lehrlinge vom staatlichen Ausbildungsförderungswerk, das zwei Dörfer weiter eine Lehrwerkstatt unterhielt. Sogar zwei ihrer Ausbilder waren mitgekommen. Sie hatten jede Menge zu essen und zu trinken in Plastiktüten dabei und belagerten die drei Mädchen erstmal eine ganze Weile, um zu erfahren, was hier überhaupt abging. »Ihr Deutsche immer alles im Alleingang machen!« rief ein junger Türke dazwischen, »Wenn wir das gewußt hätten, dann jetzt fünfzig hier sitzen und nicht ihr drei! Wir nämlich genauso ohne Arbeit nach Ausbildung wie ihr!« Dann machte er sich an der Kette um Inges Fuß zu schaffen. »Wir jetzt alle gemeinsam nach Frankfurt fahren und hohe Herren aus hohem Haus raus holen. Nicht wir in Ketten«, rief er, »*die* in Ketten!« »Genau«, stimmte Inge ihm zu, »und den Dollinger nehmen wir auch gleich mit. Und die werden hier solange angekettet, bis wir alle vernünftige Arbeit haben!«
Einige schauten verwirrt, und niemand wußte so recht, ob die beiden das ernst meinten oder einfach nur so.

Manfred Schwab

Die Rindviecher und die 35-Stunden-Woche

Wenn die im Blaumann zwischen ihren fünf NC-Automaten hin und her sausen, der Max und der Gustl, kannst du die glatt für Zwillinge angucken. Kaum ein Unterschied in Größe und Statur. Beide so um die 40, drahtige Kerle mit Händen, die zupakken können. Und mit Krähenfüßen in den Augenwinkeln. Vom ständigen Wechsel zwischen Granteln und Grinsen.
Aber sobald die in der Frühstückspause ihre Mappen auf den Tisch hauen, merkst du die feinen Unterschiede. Der Gustl packt dann seinen selbergeräucherten Schinken oder Preßsack aus, der Max wickelt seine liebevoll belegten Brote aus dem Butterbrotpapier. Und während der Gustl bedächtig Bissen für Bissen mit dem Kabelmesser aufspießt und zwischen die Zähne schiebt, liest der Max beim Kauen das neueste aus der »metall« vor. Und dann freuen sich die Kollegen schon tierisch auf das, was gleich kommt.
»Eh, deine Wurstscheiblettn sind ja heut noch dünner wie dei Gewerkschaftskrampfblatt!«
»Paß du bloß auf, daß dir keiner aus Versehn die Luft rausläßt aus dein Östrogen-Schinken!«
»Komm, probier mal, hausgeschlachtet und geräuchert! So saftig wie eure Propagandasprüche ist der allemal!«
»Und beinah so schwarzgeräuchert wie die Bauernverbandsseel' in deiner Arbeiterbrust!«
Also im Klartext: Der Gustl ist Nebenerwerbslandwirt und im Nebenberuf Metallarbeiter. Auf seinem Kugelschreiber steht »Raiffeisenbank«, die doch eine Genossenschaftssache ist, aber wenn wir im Betrieb was durchsetzen wollen, steht der erst mal daneben und mault. Der Max ist auch noch was nebenbei. Nämlich Gewerkschafter und unser Vertrauensmann. Heute hat er außer den Stullen noch einen Stoß Flugblätter aus seiner Aktentasche ausgepackt, und das erste hält er natürlich dem Gustl unter die Nase:
»Na Mondscheinbauer, ist des nix für dich? 35 Stunden – der richtige Schritt! Fünf Stunden weniger im Betrieb, da häste doch viel mehr Zeit für deine Rindviecher!«
»Komm, bleib mir vom Leib mit dem Schmarrn! Ich brauch meinen ganzen Verdienst für neue Maschinen. Mir Landwirte sind nämlich auch nicht von gestern!«

»Paßt doch astrein. Hier: Die IG Metall fordert vollen Lohnausgleich, des hat sich doch inzwischen rumgesprochen.«
»Des is typisch: Weniger arbeiten und des gleiche verdienen wollen. Wo gibts denn sowas! Nirgends!!!«
»So? dann les mal Zeitung. Da, hier stehts schwarz auf weiß: ›1983, das Jahr der größten Arbeitslosigkeit, hat den Arbeitgebern 25 bis 30 Prozent mehr Nettogewinn gebracht.‹ Die bauen Arbeitskräfte ab und verdienen trotzdem immer mehr ...«
»Freilich, weil die Arbeit zu teuer ist. Woher kommt denn die Krise und die ganze Arbeitslosigkeit. Und ihr wollt immer noch mehr rausholn, bis mir alle auf der Straß hockn!«
Der Max kaut erst mal eine Weile an dem Brocken. Dann kippt er seine Tütenmilch hinterher und mustert die blaue Kuh auf der leeren Packung. Plötzlich fragt er in respektvollem Ton:
»Sag mal, Gustl, wie schaffst du das eigentlich alles: Die Arbeit hier im Betrieb, und dazu die Landwirtschaft. Wird dir das nicht manchmal zuviel, das Kühmelken vor der Schicht oder so? Oder hast dafür an Deppn?«
»Waast, Köpfchen mußt halt haben. Rationalisieren!!! Bei meiner neuen Melkanlage drück ich bloß noch aufs Knöpfchen, und alles läuft automatisch. Mit dem Ausmisten gehts genauso ...«
»... wie bei uns hier! Und die Küh geben genausoviel Milch wie früher, wost ihnen den Busen noch mit der Hand massiert hast?«
»Klar, mehr noch, weil wir nur die besten Milchküh behalten. Und nur die besten Bullen zum Besamen nehmen. Alles, was Schwierigkeiten macht, kommt zum Schlachter. Die Automatik rentiert sich nämlich nur, wenn alles reibungslos läuft.«
»Aha, des geht also doch: Weniger arbeiten und mehr verdienen!«
»Na ja«, meint der Gustl, »wennst ein Unternehmer bis wie ich, dann schon!«
Die Vesperpause ist rum, aber die Kollegen hocken immer noch wie festgenagelt auf ihren Stühlen und starren die beiden Kampfhähne erwartungsvoll an. Der Max kratzt sich hier und da. Dann springt er plötzlich auf, haut sich die Arbeiterhand krachend an die Stirn und rennt zu »seinen« Maschinen. Von dort her überbrüllt er den wieder einsetzenden Fabriklärm:
»Endlich hab ichs kapiert! Dein Doppelleben! Daheim bist der kleine Unternehmer, der seine Rindviecher ausquetscht bis zum Gehtnichtmehr. Und hier im Betrieb da bist du – da solln wir alle die Rindviecher sein, die automatisch gemolken wer-

den. Aber da gibts noch einen kleinen Unterschied: Deine Rindviecher ham nämlich weder einen Tarifvertrag noch eine Gewerkschaft. Die können sich net wehrn. Aber mir schon!«

Heinz Milloth

Ballade vom höhnenden Konzernboß

Was wolln denn die Gewerkschaftsfunktionäre
Die nach der 35-Stunden-Woche schrein
Was wir jetzt brauchen: Wachstum und Gewinne
Globale Arbeitszeitverkürzung wird nie sein

Was heißt »bald drei Millionen Arbeitslose«
Doch ohne sie wär unser Lohnniveau zu hoch
Parole ist: Die Gürtel enger schnallen
Wer's nicht begreifen will, der schweigt und fügt sich doch

Die jetzt den »heißen Frühling« prophezeien
Verkaufen ihre Ideologie sehr schlecht
Falls Unverbesserliche streiken wollen
Dann ist dies der Gewerkschaft letztes Scheingefecht

Von wegen Arbeitsplatz-Humanisierung
Wer honoriert das Unternehmerrisiko
Der Rationalisierungszwang wächst ständig
Der Abbau der Sozialleistungen sowieso

Jetzt muß es heißen: Ärmel hochgekrempelt
Macht Schluß mit dem Geschrei nach noch mehr freier Zeit
Ihr wollt doch gar nicht in Familie machen
Ihr wollt fünf Stunden mehr für Suff und Schwarzarbeit

Die Mikroelektronik bringt die Wende
Die Technik schreitet fort. Der Wert der Arbeit sinkt
Jahrzehnte haben wir darauf gewartet
Bis unser Kapital den alten Marx bezwingt

Franz Scheidel

Jubiläumsfeier

Eigener Bericht. – Neue Wege beschreitet das Amt zur Verwaltung Freigesetzter. Von Mut und Phantasie zeugte die gestrige Feier zur Begrüßung des dreimillionsten Freigesetzten, die in würdigem Rahmen in der Freizeithalle zu Nürnberg stattfand. Das Amt bemüht sich neuerdings, dem Problem des Freigesetztwerdens mit einem positiven Denken zu begegnen. Diese neue Sichtweise kann nicht hoch genug eingeschätzt werden, bietet sie doch die Chance, einen der gefährlich schwelenden Konflikte in unserer Gesellschaft zu entschärfen, ja zu beseitigen.

Gegen zehn Uhr morgens trafen die ersten Limousinen vor der Nürnberger Freizeithalle ein. Die geladenen Gäste hatten sich zur Feier des Tages zumeist in saloppe Freizeitkleidung gehüllt. Soweit zu erkennen war, hatten sich alle bedeutenden Größen aus Wirtschaft und Politik dieses unseres Landes versammelt. Bilder von malenden Freigesetzten zierten die Wände des Saales, dem gedämpftes Licht die nötige, würdevolle Atmosphäre verlieh. Das Orchester der Freigesetzten Nürnbergs, die des feierlichen Anlasses wegen auf ein Honorar verzichteten, hatte an der Stirnseite des Raumes Platz genommen, linkerhand des Rednerpultes, das von einem Meer von Vergißmeinnicht umgeben war. Den fröhlichen Auftakt bildete der »Freizeitblues«, den das Freigestelltenorchester in gewohnt gekonnter Weise darbot. Was auch nicht weiter verwunderlich ist, schließlich haben sie genügend Zeit zum Üben.

Die Begrüßungsrede wurde vom Präsidenten des Amtes für Freigesetzte, Schlingel, gehalten. Die verblüffenden Ausführungen Schlingels ließen mehrmals aufhorchen. So sprach er zunächst von altmodischen Tugenden, die durch die Freisetzung zu neuen Würden kämen. Er nannte dabei die Bescheidenheit, Sparsamkeit und nicht zuletzt Familiensinn. In diesem Zusammenhang erinnerte er an die gewaltigen Möglichkeiten, sich wieder intensiv um den Ehepartner, die Kinder kümmern zu können, wie sie einem noch Beschäftigten keinesfalls gegeben sind. Oder die gewachsenen Möglichkeiten, seine Opferbereitschaft unter Beweis zu stellen: z. B. indem man dem Staat seine Dienste unentgeltlich zur Verfügung stellt, was im Zeichen der Wende und bei chronisch leeren Staatskassen auch noch den Effekt einer Haushaltsentlastung mit sich bringen würde. Weiter stellte er ein neues, langfristig geplantes psychologisches Begleitprogramm vor, mit dem eine möglichst große Zahl Freigesetzter erreicht werden soll. Selbstverständlich ist eine Teilnahme daran völlig freiwillig. Schlingel sprach die Hoffnung aus, daß sich viele Betroffene beteiligen mögen, schließlich seien damit mindestens wöchentlich drei Stunden Testzeit verbunden. Wir dürfen schon heute auf die Ergebnisse gespannt sein, die wesentliche Aufschlüsse über das Freizeitverhalten der Deutschen in der Zukunft liefern werden. Aber nicht nur altmodisch gewordene Tugenden werden gefördert, auch die eindeutig positiven Auswirkungen der Freisetzung seien hier erwähnt. Da steht an erster Stelle die neugewonnene Freiheit. Keine Schikanen mehr durch Vorgesetzte, kein Zwang mehr, morgens zu einem bestimmten Zeitpunkt sein Bett verlassen zu müssen. Und diese Freiheit bedeutet auch einen enormen Zuwachs an Freizeit. Zeit, mit der man tun und lassen kann, was man will. Jetzt ist die Zeit, in der man sich ungestört und mit ganzer Kraft seinen Hobbys widmen kann. Zum Schluß seiner Rede meinte Schlingel, daß auch in Zukunft mit einer steigenden Zahl Freigesetzter zu rechnen sei. Aber es sei an der Zeit, Schluß zu machen mit dem ständigen Gejammer, das auf die Dauer nur zersetzende Wirkung habe. Vielmehr sollten wir der Zukunft hoffnungsfroh entgegensehen und die Chancen nutzen, wie er sie in seiner Rede versucht habe darzulegen. Der anschließende Beifall zeigte, daß die anwesenden Gäste die neue Politik des Amtes in vollem Umfang billigen.

Danach begleitete das Orchester die Kicherchöre bei der Hymne: »Großer Staat wir loben dich«. Den Höhepunkt der Veranstaltung bildete die Ehrung des dreimillionsten Freigesetzten. Es handelt sich um Herbert K., der noch bis vor kurzem im Agfa-Werk in München tätig war. Der schwarze Anzug, dem ein leichter Mottenkugelgeruch anhaftete, wirkte zwar ein wenig deplaziert, konnte aber den allgemeinen Erfolg der Feier nicht stören. Präsident Schlingel überreichte einen riesigen Präsentkorb, angefüllt mit Produkten der Freizeitindustrie, vom Freizeitlexikon, über das Puzzle: »Der Tausendmarkschein in tausend Teilen«, bis hin zu einem Spielzusatz für das Fernsehgerät. Nicht verschweigen wollen wir die Tränen der Rührung, die sich Herbert K. verstohlen aus den Augenwinkeln wischte, als er, vom Applaus des Publikums begleitet, die Bühne verließ.

Den üblichen Grußworten der Politiker folgten Abschlußstatements verschiedener Firmenchefs und Manager, die hochin-

teressant genannt werden müssen. Offensichtlich ermutigt durch die Rede Schlingels beließen sie es nämlich nicht bei allgemeinen Erklärungen, sondern knapp und präzise wurden Zahlen auf den Tisch gelegt. So wurden von einzelnen Firmenchefs Freisetzungen angekündigt, die in die Tausende gehen. Anscheinend jeder ist hier bereit, sein Scherflein beizusteuern, unabhängig davon, ob es sich um kleine oder große Firmen handelt. So können wir sicher sein, daß Präsident Schlingel schon die Feier für den viermillionsten Freigesetzten vorbereiten kann.
Alles in allem eine gelungene Veranstaltung, die sicher nicht *ohne* Nachfolger bleiben wird. Dies bestätigte uns auch Herbert K., den wir anschließend beim Mittagessen bei der Bahnhofsmission trafen.

Heinrich Droege

Wie ich lebe

(Klassenaufsatz)

Mir gefällt es nicht mehr. Das hängt damit zusammen das Vater keine Arbeit hat. Vater ist jezt immer daheim, aber das geht mir ganz schön auf die Nerfen. Mutter geht es auch auf die Nerfen. Wenn der Mann nur bald wieder Arbeit hat, stönt Mutter. Es ist wahr, Vater kujiniert die ganze Familie. Meine große Schwester muß dauernd aufreumen und mit mir macht Vater jeden Tag Aufgaben und er will meine Hefte immer sehen. Seidem er mit dickdate macht bin ich schon viel besser in deutsch. Das ist zwar gut, aber ich darf nicht mehr so viel spielen und das ist nicht schön. Auch Ratio darf ich nicht mehr hören. Ich höre immer Südwestfunk 3, da gibt es dolle Musick und klasse Sachen, aber Vater sagt, ihm ginge das Gedudel auf die Nerfen. Berndi sagt, daß wäre doch klasse wenn mein Vater immer daheim ist, dann könnte er mit mir spielen und Basteln, da würde ich viel lernen und hätte keine Langweile. Berndis Vater ist nie daheim, weil er Fernfahrer ist. Dadrauf ist Berndi ganz stolz weil er Fernfahrer ist, aber er wäre immer alleine. So ist es nix und anderst ist es auch nix. Vater hat schlechte Laune weil er nichts verdint, sagt Mutter. Das stimmt, ich griege nur noch zehn Mark Taschengeld jede Woche und Telefon haben wir auch keins mehr. Da kann ich Berndi nicht mehr anrufen jeden Tag. Vater ist entlaßen weil die Firma gesund werden muß, und das geht nur wenn razionalisiert wird. Razijonalisieren heist neue Maschinen kaufen, so halbe oder ganze Roboter. Auch im Fernsehen habe ich gesehen, das es mit den Robotern prima geht. Die arbeiten immer auch nachts ohne Pause. Das ist doch gut so, weil dann viele Autos billich gebaut werden und dann kann jeder 2 Autos fahren. Das wird dann so wie mit der Milch, sagt Vater, ob du tringst oder nicht, bezahlen mußt du. Ich würde 2 Autos nehmen, einen Jeep mit allradantrieb noch. Erst hane sie Vater ja umgeschult zum Programmacher, aber nicht so Programme wie im Südwestfunk sondern für Kompjuter. Aber davon giebts auch schon zu viele. Kicken darf ich auch nicht mehr weil davon die Schuhe kaputgehen und wir jezt wenich Geld haben. Zu Essen haben wir noch genug, aber Vater macht oft Streit weil die Miete zu hoch ist und mir vielleicht bald ausziehn müssen. Früher hatte Vater wenich Zeit für mich weil er so viel Schicht gearbeitet hat und ich ihn nur am Sonntag gesehen hab. Das war nix, aber so wie es jezt ist ist es auch nix. Jetzt gibt es so eine Kampanje für die 35 stundenwoche. Meine Fresse, hab ich gedacht, weil ich gedacht habe ich müßte 35 Stunden jede Woche in die Schule gehen. Aber Vater hat mir gesagt, das wäre nur für Leute in der Fabrik und im Büro, damit nähmlich wieder alle Arbeit haben und Geld verdienen und nicht nur ein paar. Und auch damit die Eltern mehr Zeit haben für die Kinder. Das ist wahr, Vater hatte nie Zeit für mich wie er noch zu viel geschuftet hat, aber jezt hat er zu viel Zeit für mich. Hoffendlich gibt bald einer Vater wieder Arbeit, er würde sie nehmen, aber er glaubt nicht daran, weil die Wirtschaft sich gerade gesund schrumpft, und das ist so wichtig weil sonst die Aktzjonäre nicht viel verdienen und ihr Geld in die Schweiz und nach Amerika schafen und dort ihr Geld arbeiten lassen. Aber davon versteh ich nix, weil ich noch nie gesehen hab wie Geld arbeitet. Ich muß überhaupt noch viel lernen sagt Mutter, forallem soll ich nicht so forlaut sein wie Vater, der immer Ärger hat weil er meint er hätte recht, wo doch ein Angestellter nie recht hat. Mutter hat gesagt *Rechte*, aber das ist bestimt falsch weil es da ja keine Mehrzahl gibt. Damit es wieder besser wird müssen wir uns opfern, sagt unser lehrer.

Wolfgang Bittner

Unternehmensberatung für Jungunternehmer Oder: Wie man die jugendlichen Arbeitslosen von der Straße bekommt

Sie wollen ein Unternehmen gründen? Das ist leichter getan, als der Laie denkt. Denn in dem Augenblick, wo Sie es wirklich wollen, ist der Gründungsakt bereits so gut wie vollzogen. Auf den Willen kommt es an. Wer will, dem ist nahezu nichts unmöglich. Hinzukommen muß ein gehöriges Maß an Selbstvertrauen. Alles andere ergibt sich von selbst. Jetzt gilt es nur noch das erforderliche Anfangskapital zu beschaffen, dann kann es losgehen. Also zunächst zum Kapital.

Das Geldproblem ist ein Scheinproblem. Sind Sie reich oder haben Sie reiche Verwandte, ist es bereits gelöst. Haben Sie selber oder hat Ihre Familie kein Geld, müssen Sie es sich besorgen, und dafür gibt es Geldgeber. Finden Sie keinen privaten Finanzier, wenden Sie sich an eine Bank. Sie ist dazu da, Kapital auszuleihen. Sollten Sie dort, wo Sie leben, aus irgendwelchen Gründen keinen Kredit haben, müßten Sie allerdings den Wohnort wechseln, um wenigstens eines Kleinkredits für würdig befunden zu werden. Haben Sie diesen Kredit auf dem Konto, können Ihre Transaktionen beginnen.

Zweckmäßigerweise mieten Sie als erstes die Räumlichkeiten. An dieser Stelle müssen Sie sich erstmals Gedanken machen, was Sie in Ihrem Unternehmen herstellen wollen. Denn bekanntlich unterliegt die Produktion von Bandnudeln oder Radiergummis anderen Bedingungen (wenn auch nur geringfügig anderen), als die von Büchern oder Schallplatten. Haben Sie sich entsprechende Gedanken gemacht und die passenden Betriebsräume angemietet, lassen Sie als nächstes Briefpapier mit Ihrem Firmenkopf drucken. Dann richten Sie ein repräsentatives Büro ein und stellen die erforderlichen Hilfskräfte an, die Sie per Zeitungsinserat finden oder sich einfach vom Arbeitsamt vermitteln lassen. Von nun an geht alles andere automatisch. Sie müssen sich jetzt vor allem um das Renommee Ihrer Firma kümmern.

Inzwischen haben Sie bei verschiedenen Banken Konten errichtet, Geldtransaktionen von einem Konto auf das andere vorgenommen und dadurch Ihre Kreditwürdigkeit um ein Vielfaches erhöht. Sie haben die Presse über Ihr Vorhaben unterrichtet, die Honoratioren der Stadt aufgesucht und überall durchblicken lassen, daß eine gute Zusammenarbeit nicht nur Ihnen Vorteile bringen würde. Erfahrungsgemäß sind Sie damit auf offene Ohren gestoßen. In gewissen Etablissements haben Sie sich nicht lumpen lassen und gute Freunde gefunden. Sie erhalten die ersten Einladungen zu privaten Parties und öffentlichen Empfängen, wo Sie weitere einflußreiche Persönlichkeiten kennenlernen, denen Sie als vielversprechender junger Unternehmer vorgestellt werden. Nun ist es an der Zeit, Ihren Betrieb offiziell zu eröffnen.

Zu diesem Zweck verschicken Sie Rundschreiben, Werbematerial und schließlich Einladungskarten auf Büttenpapier. Wichtig ist, daß Sie außer Persönlichkeiten des öffentlichen Lebens vor allem Ihre zukünftigen Geschäftspartner auf sich aufmerksam machen. Die Einladungen erfolgen selbstverständlich ins beste Hotel am Platz, das bekannt ist für hervorragende Getränke und für sein exzellentes kaltes Buffet. Da wird es sich keiner der Eingeladenen nehmen lassen, persönlich zu erscheinen; zumal er davon ausgehen kann, einen kleinen Kreis von Auserwählten anzutreffen. Daß sich diese Erwartung auch wirklich erfüllt, können Sie durch Telefonate erreichen, mit denen Sie eine gezielte Flüsterpropaganda in Gang setzen. Sie werden merken, daß sich dieser Einsatz lohnt und Ihnen am Tage darauf so gut wie jede Tür offensteht. Zuschüsse und zinsgünstige Kredite von Unternehmensverbänden, staatlichen Stellen und Kommunalverbänden sind Ihnen sicher.

Jetzt steht dem Beginn Ihrer eigentlichen unternehmerischen Tätigkeit nichts mehr im Wege. Haben Sie sich beispielsweise entschlossen, Radiergummis herzustellen, muß der erforderliche Rohstoff geordert werden, und es sind Maschinen zur Weiterverarbeitung anzuschaffen. Ebenso ist es bei Bandnudeln, Seife oder Zahnpasta. Wollen Sie dagegen, um ein anderes Beispiel zu nennen, verlegerisch tätig werden, geht es vordringlich um Manuskripte für Bücher. In jedem Fall haben Sie die Hersteller oder Verkäufer der benötigten Produkte bereits kennengelernt, so daß Sie auf keinerlei Schwierigkeiten stoßen werden. Die Produktion kann also unverzüglich beginnen.

In diesem Stadium Ihrer Unternehmertätigkeit werden Sie feststellen, daß es zahlreiche Menschen gibt, die sich lebhaft für Sie und Ihr Unternehmen interessieren. Sie werden attraktive An-

gebote zur Mithilfe erhalten, und es wird Ihnen nicht schwerfallen, Ihre Auswahl zu treffen. Da Sie bisher nur untergeordnete Positionen in Ihrem Betrieb besetzt haben, können Sie zwei oder drei leitende Posten an Personen Ihres Vertrauens vergeben, an Fachleute also, die von ihrer Ausbildung und Erfahrung her in der Lage sind, Ihre Firma zu einem aufsteigenden Unternehmen zu machen. Sie werden diese Fachkräfte so zu behandeln wissen, daß sie meinen, das Unternehmen gehöre Ihnen allen zu gleichen Teilen. Psychologisch besonders wirkungsvoll wäre es, gelegentlich von Mitbeteiligung und Mitbestimmung zu sprechen.
Auf diese Weise wird es ein leichtes sein, aus Ihren leitenden Mitarbeitern das Letzte herauszuholen und mit ihnen gemeinsam nicht nur fortwährend die Produktion zu steigern, sondern darüberhinaus den Vertrieb und Absatz Ihrer Waren langfristig sicherzustellen. Wenn Sie so weit sind, haben Sie gewonnenes Spiel. Sie wechseln nach und nach die Führungsmannschaft Ihres Unternehmens aus und sind Herr im eigenen Haus. Wenn Sie wollen, können Sie sich nun innerhalb kürzester Zeit zur Ruhe setzen. Sollten Sie sich dagegen unausgelastet fühlen, wäre es an der Zeit, ein neues Unternehmen zu gründen.

Artur Troppmann

35 Stunden sind genug

Seine Maschinenhände stecken
nach der Arbeit
in den Hosentaschen.
Kollegen schrieben
an die Fabrikmauer
35 STUNDEN SIND GENUG!
Er geht im Smog
die Zigarette
im Mundwinkel
gedankenlos über
Kopfsteinpflaster.
Sein Magen knurrt.
Seine Augen
tränen Staubfusel aus.

Der Verkehr
orgelt von allen Seiten.
Das Konzernband
läuft noch
zwischen seinen Schläfen.

Fabrik der Zukunft

Jürgen L. Groß

It was before ---

– – – als erstes war
die urwelt – sie war
ein suesses paradies
– paradies nannten si
e auch unsere vorfahr
en – die noch aus fle
isch und blut bestand
en – also noch halbaf
fen waren – sie lebte
n von etwa 50 000 vor
bis 5000 nach dem be
ginn unserer zeitrech
nung – aber sie glaub
ten an irgendein nich
t existentes wesen –
das sie herr gott nan
nten – unser glaube a
n das geld hingegen i
st wesentlich vernuen
ftiger und naheliegen
d – irrtuemlicherweis
e glaubten unsere tie
raehnlichen vorfahren
auch – dass dieser go
tt ein paradies gesch
affen habe – und dass
sie es nach ihrem tod
e bewohnen duerften –
dieser glaube machte
sie wahnsinnig und he
ute gibt es nur noch
wenige exemplare dies
er vormenschen – die
groesste herde umfass
t das weltmuseum in p

eking mit neun maennc
hen und 13 weibchen –
wenn man diese dahinv
egetierenden lebewese
n sieht – will man ka
um glauben – dass sie
es waren – die uns ze
ugten – sie nannten uns roboter – – –

Johannes Leckebusch

Computerfreaks
Aus den vorläufigen Memoiren von Prof. Ungruen

Daß sie was im Kopf haben, die Computerfreaks, wird jeder zugestehen. Ob aber einer, der nächtelang vor seinem Bildschirm hockt, anstatt ins Wirtshaus oder zum Tanzen zu gehen, da oben ganz richtig ist, wird von den lieben Mitmenschen gern bezweifelt. Im Fachjargon werden sie auch »Hakker« genannt, von denen man glaubt, daß sie mangels Kontaktfähigkeit den Umgang mit dem elektronischen Gegenüber anderen Menschen vorziehen. Sie sind aber sehr wohl gesellig, und am Computerstammtisch wird auch alljährlich gefragt, wer mit wem zum Skifahren fährt.

Unermeßlich vielfältig sind die Arten der Erdenwesen. Daraus aber ragt der Mensch hervor, der die Sprache erfunden hat, die so vielseitig ist, daß man keine zwei findet, welche ein und dieselbe sprechen. *Prof. Ungruen*

Hier will ich von der Spezies der Computerfreaks berichten, deren Sitten sehr eigenartig sind. (Mit Erläuterung aller belangvollen Fremdworte.)
Wer von ihnen kein eigenes System laufen hat, wer nicht tief in der Hardware wühlt, gilt bei ihnen wenig (so ist auch meine Situation unter ihnen sonderbar, weil ich meinen Computer nicht selbst gebaut habe). Sie werden beherrscht von dem Gedanken, jedes technische Problem lösen zu können, und das mit Leichtigkeit und in kurzer Zeit. (Ein System ist alles, was keines hat, Hardware das, was beim Runterfallen klappert, und

Software das, wovon man logisch erklären kann, warum es nicht funktioniert. Nicht zu verwechseln mit dem Problem, herauszufinden, warum man sie nicht zum Funktionieren bringt, diese Frage bleibt oft ungelöst.)
Sie sammeln (meist abgekupferte, ein Ausdruck, den ich hier nicht näher erläutern will) Software, aber den meisten bedeutet die »höhere Software« eigentlich wenig. Ihre Domäne sind die Bits und Bytes, die Controler und schnellen RAMs. Viele wollen große Geschäfte machen, wozu sie sich persönlich ausersehen fühlen. In der Regel sind sie Einzelkämpfer, wiewohl sie auf eine gewisse geheimbündlerische Art zusammenhalten. (Bits und Bytes sind das, was zwischen Soft- und Hardware steht, Controler und RAMs sind das gleiche: schwarze Käfer mit einer geradzahligen Anzahl in Doppelreihe angeordneter spitzer Drahtfüßchen.)

Familienleben und Stammtisch
Manchmal hegen sie puritanische Neigungen, z. B. hinsichtlich höchstqualitativer Disketten, deren Label (Etikett) sie, wenn überhaupt, nur zart in jungfräulicher Bleistiftschrift entweihen (wodurch ich schon mal eine mir überlassene Diskette irrtümlich gelöscht habe – aber das ist eine andere Story). (Ich nehme an, Sie wissen, was ein Bleistift ist. Disketten sind schwarze Scheiben, auf denen angeblich etwas in magnetischer Schrift geschrieben ist, was aber unsichtbar und aus unbekannten Gründen auch mit dem Computer nicht zu lesen ist. Wenn man sie knickt, auf Magnete oder in die Sonne legt, wird man ohne Kommentar umgebracht.)
Ihre Beziehung zum anderen Geschlecht wirft einige Fragen auf, vergleichbare gibt es höchstens bei Hifi-Enthusiasten, die um größere Boxen kämpfen und das Recht, sie nicht hinter dem Vorhang verstecken zu müssen. Doch es ist anders, sie breiten ungehindert ihre Platinen und ICs in der Wohnung aus – weiß der Teufel, warum Eva das zuläßt. Verstehen tut sie nichts davon. Vielleicht deshalb, denn die Frauen klagen die Männer zwar wegen allerlei unvernünftiger Dinge an, z. B. weil sie Kriege führen, aber verhindern tun sie doch nur das, was sie verstehen. Jedenfalls sind Leute, die solche Annoncen aufgeben: »Wegen Heirat Computersystem zu verkaufen«, keine ganzen Männer.
Wenn sie zusammenkommen, dann nicht ohne meterlange, gefaltete Listings (das sind Papierfahnen, die von einem gräßlich ratternden sog. Drucker oder einer elektronischen Schreibma-

schine ausgespien werden, welche am Computer hängt. Das ist übrigens der Grund, warum der Rest der Familie nachts nicht schlafen kann und diese dunklen Ringe unter den Augen hat – abgesehen davon, daß Computerfreaks zwischen 23 und 2 Uhr morgens auffallend viele Telefonanrufe oder Besuche erhalten, falls sie nicht um dieselbe Zeit beim Stammtisch sind).
Sie haben auch große Kisten bei sich, in denen sie sich Bücher, Geräte oder – vor allem – irgendwelche Platinen mitbringen. Sie lieben es außerordentlich, sich etwas Gedrucktes mitzubringen. (Platinen, auch »gedruckte Schaltungen« genannt, sind halt so Brettla mit Leiterbahnen drauf, auf ihnen befinden sich die schon beschriebenen Käfer, wobei vor allem wichtig ist, wie dünn und eng beieinander die Leiterbahnen (die silbrigen Striche) sind, das heißt man Packungsdichte und es ist sehr wesentlich, weil der Computer daraus besteht).
Dabei wechseln innerhalb eines Clubs oder Stammtisches die Standards – früher fachsimpelte man über Cassetteninterfaces (da hörte man es schrill zirpen wie von einer Grille, die die Schallmauer durchbricht), dann über kleine, später große Disklaufwerke. (Sie müssen sich die Maße 5 Zoll und 8 Zoll merken, wenn Sie mitreden wollen). In die Laufwerke schiebt man die genannten schwarzen Scheiben (Memorex sind die besten) und sucht die Ursache dafür, daß man sie nicht lesen kann. Heute hat sich übrigens der Trend umgekehrt, die Scheiben werden immer kleiner, 5 Zoll ist beinahe schon wieder out, 3 ½ Zoll und weniger kommt. Jeder Computerhersteller hat seine eigenen Verfahren, jenes Etwas in magnetischer Schrift auf die Scheiben zu schreiben, was den Vorzug hat, daß entweder mehr oder auch weniger draufpaßt (sogenannte Kilobytes) und daß andere Computer es nicht lesen können. Die letztere Erscheinung heißt (In)Kompatibilität und wurde zur Belebung der Computerstammtische von der Computerindustrie erfunden, da die Freaks alles daran setzen, andere Disketten doch lesen zu können. Ein Kilo Bytes ist nicht dasselbe wie ein Kilo Orangen, es handelt sich eher um ein Längenmaß, was sich besonders dann bemerkbar macht, wenn es gelungen ist, die Disketten zu lesen und ihren Inhalt auf Papier auszudrucken, woran sich meist das Entlausen (Debuggen) anschließt – aber des führt jetzt zu weit ...).

Wonach sie streben

Typischerweise werden große Projekte ins Auge gefaßt, die nie realisiert werden (sowas dürfen Sie aber nicht laut sagen!), den-

noch gibt es einen eindeutigen und überraschenden Fortschritt, denn diese Projekte bauen ja auf den früheren Projekten auf. Man kann das nicht verstehen, wenn man nicht einsieht, daß in der Computerei vor allem der abstrakte Entwurf zählt. Die Philosophie der Computerfreaks ist in gewisser Weise durch Prof. Ungruens Satz zu charakterisieren: *»Nichts ist langweiliger als ein Programm, das endlich fehlerfrei läuft«*. Das muß wohl auch auf die Hardware zutreffen. Sie haben ein sehr großes Talent, diesen traurigen Zustand nie eintreten zu lassen, aber sie glauben, daß sie permanent mit aller Kraft versuchen, diese Situation zu überwinden.
Sie unterhalten sich in einer Weise, daß ein gewöhnlicher Sterblicher bei jedem zweiten Wort nicht weiß, wo er es nachschlagen könnte – es ist auch nicht sicher, daß sie sich gegenseitig verstehen. Wenn drei sich unterhalten, kann mindestens einer nicht ganz folgen, weil er sich mit einem anderen Spezialgebiet befaßt.
Mit großer Leidenschaft diskutieren sie über Programmiersprachen, deren Compiler sie sammeln (und auswendig wissen, wie schnell dieselben übersetzen), aber man kann davon ausgehen, daß sie keine einzige all dieser Sprachen wirklich beherrschen (wenn doch, handelt es sich gewiß um BASIC oder FORTRAN), ausgenommen natürlich die Assemblersprache ihres Prozessors (sie gruppieren sich immer um Prozessoren). (So viele Begriffe – also Compiler sind Programme, die Programmiersprachen in andere Programmiersprachen übersetzen, was ungeheuer nützlich ist, vor allem, weil man ja auch die Compiler in irgendeiner Sprache schreiben muß – aber das ist vielleicht zu hoch. Mit Assemblern (die auch übersetzen) macht man Programme für den Menschen unleserlich, woraus die Computerfreaks eine ausgedehnte Freizeitbeschäftigung schöpfen. Sie versuchen vor allem, die Programme aus der Maschinensprache wieder zurückzuübersetzen, um bequemer zu sehen, wie miserabel sie geschrieben sind, und sie anschließend grundlegend zu verbessern (manchmal tun sie das auch, ohne die Programme rückzuübersetzen, sie denken also direkt in der Logik der Maschine, was große Askese erfordert, von ihnen aber lustvoll erlebt wird). Ein Prozessor ist, was eigentlich die ganze Arbeit tut, falls der Computer doch mal funktionieren sollte.)

Hochsprachliche Verständigung

Bei den Programmiersprachen gibt es Modeströmungen, die ungefähr mit den Jahreszeiten wechseln. Man bevorzugt esoterisches wie ›C‹ oder ›Lisp‹ bzw. Handfestes (Fortran, Cobol), aber eigentlich gibt es für jede Sprache (PL/1, Forth) jemanden, der alles übrige als Quatsch abtut. Was sich zu gemein und wichtig macht, wie Ada, ist schon nicht mehr interessant. Und Pascal – also wenn Sie mich fragen, wird es viel zu wenig verstanden ... nein, inzwischen kann man das nicht mehr ruhigen Gewissens behaupten, aber Professor Ungruens Geheimtip lautet jetzt: »Modula 2«. Denken Sie an seine Worte! Übrigens gibt es innerhalb einer Programmiersprache mehr Dialekte als zwischen Nürnberg und dem Allgäu, woran man die kulturelle Vielfalt dieser Seite unserer Zivilisation ablesen kann.

Bisweilen kommt es vor, daß sie über geheimnisvolle Dinge in homerisches Gelächter ausbrechen (nicht mitzulachen ist ein Zeichen mangelnder Intelligenz), z. B. über einige Assembler-Statements oder die Schaltung eines Datenseparators – ihre Zunft scheint eine neue Art von Komik zu kreieren. (Hier muß ich passen – Witze kann man nicht erklären, auch nicht Computerwitze – man verstehts halt oder eben nicht!).

So ist ihr Gebiet alles andere als trocken, es lebt, Systeme und Software, die nicht laufen wollen, sind eine spannendere Herausforderung als ein Dschungelabenteuer. Es wäre auch völlig verfehlt, sie als Fachidioten oder einseitige Tüftler anzusehen ... ihre Interessen scheinen so vielfältig, ihre Vorlieben so unterschiedlich zu sein wie die Sitten verschiedener Völker.

Ordnung: Chaos mit System

Häufig haben sie auch sonst einen ausgefallenen, gehobenen Geschmack, was Kunst, Musik, Literatur betrifft, eine Neigung zum Surrealismus oder Kubismus (vor allem bei den Gehäusen) ist nicht selten, dagegen findet man kaum Gartenzwerge. Auffällig ist die in höherem Sinne bestehende Ähnlichkeit ihrer Wohnungen und Zimmer. Sie sind niemals unpersönlich wie vielleicht bei Technokraten oder bei Angestellten. Manche sammeln Antiquitäten, z. B. Volksempfänger oder Kernspeicher (keine Angst, hat nichts mit Kernkraftwerken zu tun, vielmehr sind das aufgefädelte allerliebste kleine Magnetringlein, wie eine Art Glasperlenstickerei, bloß nicht so bunt). Im Umfeld findet man Laser-Freaks.

Natürlich herrscht im engeren Aufenthaltsbereich die Technik vor: Man sieht in jedem Fall einen oder mehrere Bildschirme (ev. auch alte Fernseher), diverse Tastaturen, vorzugsweise stecken irgendwo Platinen. Je nach Temperament ist alles Drahtige hinter Frontpanels verborgen (die anderen Frontplatten-Freaks sind die Hifi-Enthusiasten) oder es schlingen sich lianengleich Kabelpipelines durchs ganze Zimmer. Die Regale an den Wänden reichen grundsätzlich nicht aus, um die Ordner mit Disketten und Handbüchern zu fassen, auf dem Tisch, am Boden sieht man weitere Stapel, dazu Platinen (mit und ohne Käfer, häufig offenbar nur teilweise besetzt), Vorräte an Draht und Papier, Lötkolben, Oszilloskope und, daran kann man sie eindeutig von den Radiobastlern und Amateurfunkern unterscheiden: Drucker.

Irgendwelche geöffneten, demontierten oder aber im Aufbau (oder in beiden Stadien gleichzeitig) befindlichen Geräte sind angezeigt. In extremen Fällen gleicht das Gelände einem Bundeswehrübungsplatz im Endstadium, es türmen sich mehrere Monatsschichten Zeitschriften, Bücher, Schraubenzieher, Unterhosen, Bohrmaschinen, Feilen, Gehäusebauteile, Wienerwald-Tüten (jetzt mehr McDonalds-Burgerdeckel) und Geräte nicht unter der 1000,– DM-Klasse zu einem Dschungel, in dem ständig etwas gesucht wird (vorzugsweise banales Werkzeug wie Schraubenzieher, dessen Verlust die Arbeit stundenlang aufhält).

Ringen um Perfektion

Es ist für den Unverständigen schwer zu begreifen, woran sie eigentlich arbeiten. Befragt man sie, so erhält man übrigens detaillierte und geduldige Auskunft darüber, daß sie an etwas arbeiten, was die unabdingbare Voraussetzung für ein anderes Vorhaben ist, das vielleicht seinerseits nur Mittel (zu welchem?) Zweck ist. Nie findet man sie mit etwas Endgültigem beschäftigt, ja es scheint die Essenz ihres ganzen Strebens zu sein, daß sich alles im Fluß befindet. Vielleicht hat ihr Hobby eigentlich keinen Zweck, und ist somit das edelste überhaupt, sie arbeiten unermüdlich für etwas, das sie nie erreichen, dem sie nicht einmal nahekommen, ein Zustand endloser Glückseligkeit!

Ihr Wissen ist immens, sie beherrschen unzählige Kniffe, deren Sinn einem Uneingeweihten verschlossen bleibt, vor allem aber ändern und verbessern sie Betriebssysteme und Geräte. (Betriebssysteme sind das, worüber sich Laien am Computer am meisten ärgern, weil es sie hindert, zu erreichen, was sie eigentlich wollten, als sie sich an die Tastatur setzten). Ständig kämp-

fen sie gegen die mangelnde Perfektion, die sie doch nie erreichen. Scheinbare Perfektion vertuscht den Umstand, daß alles in der Computerwelt unvollkommenes Menschenwerk ist. Was dem Bundeskanzler an seiner Stromrechnung als böser Auswuchs der Computerei erscheint, ist ja nur die Unfähigkeit beamteter Programmierer – aber das versteht die Öffentlichkeit nicht, daß der Computer ein reines, unschuldiges Werkzeug ist, dem wir nur nicht gewachsen sind, weil wir nicht präzise genug denken können, um ihn anzuweisen.
Die Unzuverlässigkeit und Unfreundlichkeit von Systemen ist indes schier unfaßlich. Es ist überhaupt kein Problem, in einer Zehntelsekunde durch einen unbedachten Tastendruck das Werk von Stunden, Tagen oder gar Monaten zunichte zu machen. Es erstaunt, daß oft Computer und Programme für teures Geld verkauft werden, die niemals vollständig funktionieren. Immer gibt es Spezifikationen, die unerfüllt bleiben, die Anzahl nichterfüllter Eigenschaften ist größer als das menschliche Vorstellungsvermögen. Man fragt sich, was geschähe, wäre all das vollkommen. Vielleicht darf dieser Zustand einfach nicht eintreten, weil es dann nichts mehr zu grübeln gäbe ...

Jutta Roitsch

»Acht Stunden könnte das keine durchhalten«

Frauen zwischen Resignation und Dankbarkeit: Neue Technik in der »Postfabrik«

Regines Weihnachtsbrief an ihren Großvater, die Adresse in krakeliger Kinderschrift geschrieben und der Umschlag liebevoll mit dicken Sternen und Engelchen beklebt, ist nichts für »Alma«: Die Automatische Lesemaschine, die seit gut einem Jahr in Frankfurts »Postfabrik«, dem Postamt 3 hinter dem Hauptbahnhof, als gefeierte neue Technik der Deutschen Bundespost steht, verwertet nur ordentliche, schmale und glatte Sendungen im Normalformat. Dies schafft sie allerdings massenweise: Wenn »Alma« über neun Stunden am Tag läuft, verteilt sie bis zu einer Million Briefe in alle Himmelsrichtungen. Erika, Gertrud, Karin und Brigitte, die an diesem Vorweihnachtsabend »Alma« bedienen, finden Umschläge wie Regines nur durch einen Zufall.

Laut Programm scheppert jede Minute ein grauer Plastikkasten vollgefüllt mit Briefen von den Förderrollen auf dem Platz der Maschinen-»Eingabe«. Mit Schwung stülpen die Frauen den 30 mal 60 Zentimeter großen Kasten um, schütteln, klopfen und schichten die Sendungen (bis zu 500 sind in einem Kasten) und schieben den Stapel auf »Almas« senkrecht laufendes Fließband, das Umschlag für Umschlag in Windeseile ansaugt und über viele verschlungene Schleifen weitertransportiert, dann in Reih und Glied ausrichtet, vor der computergesteuerten Anschriftenlesemaschine vorbeischleust und schließlich den Umschlag mit den kaum auffälligen Computerstrichen grob vorsortiert nach Postbezirken »ausspuckt«.

Das Programm spult ab in Bruchteilen von Sekunden. An der »Eingabe« bückt sich Gertrud schnell: Während sie den leeren Kasten auf einen Wagen stapelt, ist der nächste bereits mit Getöse heruntergerollt. Wenn die Maschine läuft, diktiert sie den Frauen, die für die Bedienung noch notwendig sind, das Tempo: in der »Eingabe«, der »Abgabe« und im »Codierraum«. »Es ist wie am Fließband«, sagte Brigitte zu der neuen Technik, die doch eigentlich den Briefverteilungsdienst nicht nur schneller, sondern auch leichter und »schöner« machen sollte.

Die beiden Arbeitsplätze direkt an der Maschine mögen die Frauen nicht. Nach ihrem kleinen »Laufzettel« für die Spätschicht von 18 Uhr bis 23.15 Uhr steht Gertrud eine Stunde lang an der »Eingabe«. Erika startet ihre Schicht laut Plan, den sie sich jeden Abend vom Schichtleiter bei Dienstantritt abholen muß, an der »Abnahme«. Unter sich einigen sich die Frauen, nach einer halben Stunde zu wechseln, »fliegend« sozusagen; denn »Alma« muß ununterbrochen laufen.

Eines haben allerdings beide Arbeitsplätze gemeinsam: Alle Metallteile, über die die Papierberge hinwegrutschen, sind aufgeladen. Die »Schläge«, die die Frauen einfangen, sind beträchtlich. Sie zucken die Schultern und gehen mit einem Lachen darüber hinweg. »Das ist nicht das schlimmste«, sagt Gertrud. Sie schreit den Satz fast; denn über den Köpfen der Frauen an der Eingabe rattern Fließbandrollen mit den leeren Plastikkästen. Sie kommen auf einem langen Band quer durch die gesamte riesige Fabrikhalle, in der »Alma« steht. Genau über den Köpfen der Frauen stauen sich die Kästen: mit dumpfem Knall prallt einer nach dem anderen auf das »Stauende«.

Mit Erika, die zehn Meter entfernt an der »Abnahme« steht, kann sich Gertrud nur mit Gesten verständigen. »Früher«, sagt Erika und meint die »alte« Briefverteilung mit der Hand, »konnten wir wenigstens miteinander reden.« Jetzt starrt sie an ihrem Platz auf rote Lämpchen: leuchtet eines auf, dann ist ein Fach voll. Auf einer Schiene zieht Erika einen grauen Plastikkasten heraus, schubst den Briefstapel hinein und trägt die Ladung auf einen Wagen: Postbezirk zu Postbezirk.

Erika darf sich nicht irren, sonst gibt es Stunden später zeitraubende Mehrarbeit an der Maschine, die die Briefe nach den Wagenladungen »feinverteilt« nach Offenburg und Hameln, nach Gladenbach und Hanau. Auf dem »Rückweg« packt Erika einen leeren Kasten wieder auf die Schiene. Längst ist ein anderes Lämpchen in einem anderen Fach aufgeleuchtet.

Die Frauen rennen von einem Fach zum anderen. Vom ersten bis letzten sind es rund sieben Meter. Manchmal helfen sie ihrer Nachbarin an der Nebenmaschine, weil sich die Kästen nicht so schnell auf die Wagen, die kreuz und quer hinter ihnen stehen, stapeln ließen. »Ich weiß nicht, wie viele Kilometer wir da an einem Abend hin- und herrennen und wie viele Kilo wir vom Band auf die Wagen schleppen«, meint Karin, eine Mutter von sechs Kindern, die beim Antritt ihrer Spätschicht schon einen vollen Arbeitstag in der Familie und im Haushalt hinter sich hat.

Auch Erika ist morgens um sieben Uhr aufgestanden, hat ihren drei Kindern Schulbrote geschmiert, das Haus »in Ordnung« gebracht, Mittagessen für Kinder und den Mann gekocht, eingekauft und den Mann mit dem Auto »zur Arbeit« gefahren: Der Weg zur nächsten S-Bahn-Station ist für Erika zu weit, daß sie abends mit dem Auto bis zum Bahnhof fährt, das Auto dort stehen läßt, bis sie nach der Spätschicht mit dem letzten Zug um 23.39 Uhr ab Hauptbahnhof wieder heimfährt.

Erika und Karin sind mit ihren Tagesabläufen in ihrer Schicht keine Einzelfälle: Die Frauen haben fast alle mehrere Kinder, manche erziehen sie sogar allein. Die Arbeit am Abend ließ sich mit dem Familienalltag noch am ehesten verbinden: »So fing es bei fast allen an«, sagt Brigitte. Und mit dem Hausbau, der viel zu viel Geld verschlang, irgendwo weit weg von Frankfurt. Zu ihrer Schicht von viereinhalb Stunden (Nettoverdienst 800 bis 900 Mark) müssen die meisten Frauen mindestens zwei Stunden für die Hin- und Rückfahrt zurechnen.

Nicht nur Karin und Erika, die nach einer Stunde am Band von »Alma« den »Codierraum« betreten, lassen sich daher mit ei-

nem Aufatmen in dem Drehstuhl vor dem Bildschirm nieder. Viele Frauen sitzen seit Stunden zum ersten Mal, dazu noch in einem ruhigen Raum. Dafür sind sie regelrecht dankbar und nehmen viel in Kauf: Der Codierraum ist in die riesige Fabrikhalle hineingebaut. Er sieht aus wie ein gelber Container mit Fenstern, Wohnzimmergardinen hängen davor.
Der Innenraum des Containers ist geteilt. Dicht an dicht sitzen in jedem Raum zehn Frauen vor den Bildschirmen. Bunte Plakate kleben mit Magneten an den Wänden. In dem einen Raum steht ein etwas zerrupfter Plastik-Adventskranz, in dem anderen träumt Mireille Matthieu aus einem Kofferradio plärrend von Martin.
Die Luft in beiden Räumen ist stickig, viel zu warm, so daß sich die Frauen sehr konzentrieren müssen, um nicht schläfrig zu werden. Seit Monaten klagen die Frauen über Augenentzündungen, Kopfschmerzen und Übelkeit. Sie führen dies auf die mangelnde Entlüftung, auf Autoabgase und Küchendünste zurück. An der Klimaanlage wurde beim Neubau des Postamtes 3 offenkundig gespart. Ein Abzug aus dem Codierraum geht ausgerechnet auf das Parkdeck.
Auf den Bildschirm und die Codierarbeit lassen die Frauen (vorerst) nichts kommen. Die Arbeit, die die Frauen pro Schicht zweimal fünfzig Minuten lang tun müssen, ist stumpfsinnig und anstrengend, auch wenn der Drehstuhl und der Bildschirm körpergerecht einzustellen sind.
Der Bildschirm in grünlich-gelber Farbe ist geteilt. Damit es schneller geht, tauchen in beiden Feldern Anschriften auf, auf den unteren tippen die Frauen den Code, der den weiteren Weg des Briefes durch die Maschinen bestimmt: Es ist die Postleitzahl. »Wenn ich die letzte Zahl getippt habe«, sagt Brigitte, »ist der Brief weg.« Obwohl die meisten Frauen dieser Spätschicht schon viele Jahre bei der Post arbeiten und »fast alle Postleitzahlen auswendig wissen« (Gertrud), rutschen die Briefe so schnell über den Bildschirm, daß Korrekturen kaum möglich sind.
Wer das gleichmäßige Tempo der »Alma« nicht mitmacht, kommt in den Computer: Halten die Frauen den Takt nicht ein, weil beispielsweise handschriftliche Zahlen kaum zu entziffern sind, die Postleitzahl falsch ist oder ein Umschlag auf dem Kopf steht, dann erscheint auf dem Bildschirm ein schwarzer Balken. Den dicken schwarzen Strich registriert der Computer: Jeden Abend, wenn um 21.45 Uhr der Bildschirm grau, die Maschine abgestellt wird, können die Balken pro Bildschirm-Platz gezählt werden.

Nach einem Jahr häufiger Kontrollen sind die Frauen noch immer mißtrauisch über diese direkte Möglichkeit der Leistungskontrolle: Sie trösten sich, daß pro Tag mehrere Frauen an einem Bildschirm gesessen haben und damit die einzelne nicht direkt herausgepickt werden kann.

Es wird kaum geredet

Ein bißchen Selbstbetrug spielt auch mit; denn den Satz »wem es nicht paßt, der kann ja gehen« haben sie schon zu oft gehört. Offen geredet wird im Codierraum nicht über solche Sorgen. Es wird überhaupt kaum geredet, wenn »Alma« läuft. Unruhe entsteht nur, wenn eine oder zwei Frauen aufstehen und den Raum verlassen, die »Neuen« hineinkommen und sich oft ohne Gruß hinsetzen und weitertippen: das einzige Geräusch ist das helle Klicken auf den Zahltasten.

Ein Gespräch der Frauen untereinander oder gar ein gegenseitiges Kennenlernen ist durch diese Art der Schichtaufteilung unmöglich. Die erste Pause von zehn Minuten reicht dafür auch nicht, sondern gerade zum Gang zur Toilette, zum Händewaschen und für einen schnellen Kaffee.

Die zweite Pause von fünfzehn Minuten verbringt eine Gruppe von Frauen gemeinsam. Es ist gegen 22 Uhr, die öde, ungeheizte Kantine ist bis 23 Uhr geschlossen. Es gibt nichts Warmes zu trinken.

Die Frauen sitzen rund um den Tisch, rauchen und sind eigentlich schon so erschlagen, daß sie nicht einmal zu Scherzen aufgelegt sind. Obwohl sie Abend für Abend, neuerdings auch alle drei Wochen am Samstag oder Sonntag, am Heiligabend und Silvester, »Alma« bedienen, sind sich die meisten Frauen so fremd geblieben, daß sie »Sie« zueinander sagen und kaum den Namen kennen.

Die letzte Stunde der Schicht verbringen die Frauen vor der »Feinverteilung«: Die Maschine sortiert, die Frauen nehmen aus einer zwei Meter hohen und zehn Meter langen automatisch gesteuerten Fächerwand die Briefbündel aus den Fächern, stecken einen »Laufzettel« mit dem Namen des jeweiligen Ortsverbundes hinzu.

Körperlicher Streß

Für kleine Frauen wie Karin ist die Fächerwand körperlicher Streß: Auch auf Zehenspitzen kommt sie kaum an die obersten Fächer heran. Die Geschwindigkeit ist so hoch wie bei »Alma«, doch häufiger bleibt ein Brief im Band stecken.

Jedes neue Anlaufen der Maschine beginnt mit einer durchdringend schrillen Piepssirene. Die unterschiedlichen Geräusche zerren an den Nerven. Immer häufiger schauen die Frauen nach der Uhr. Nach viereinhalb Stunden Schicht sind sie fertig: ausgepumpt, aber aufgeputscht und gereizt durch das hohe Arbeitstempo, die Konzentration und den Lärm.
Für einen guten 9-Stunden-Tag braucht die automatisierte Anlage im Postamt 3, die größte ihrer Art in Europa, zwei »Frauen-Schichten«. Mehr als Teilzeitverträge bietet die Post den Arbeiterinnen der neuen Technik nicht, obwohl viele gern länger arbeiten würden. Aber nach einem Jahr Erfahrung mit dem bundesweiten Vorreiter-Modell wissen sie auch: »Einen vollen Arbeitstag von acht Stunden könnte keine durchhalten«, sagt Brigitte.
Auch Erika, eine zähe junge Frau von Anfang dreißig, gesteht: »Ich fühle mich manchmal richtig alt«. Aber froh ist sie dennoch, »daß ich überhaupt Arbeit habe«. Das beteuern die anderen auch, auch wenn sie wissen oder spüren, daß die Automatisierung der Handgriffe, für die sie jetzt gebraucht werden, bereits der nächste technische (Fort-)Schritt ist.

Ernst-Ludwig Diehl

Freiheit für Doktor Berthold

Doktor Berthold lief leichtfüßig über den Velourssteppich im Gang der Vorstandsetage. Die Sitzung mit den Direktoren und Ingenieuren seines Imperiums hatte ihn in Hochstimmung versetzt. »Endlich!« murmelte er heiter. Das pausbäckige Gesicht strahlte Zufriedenheit aus. Berthold rieb sich die zarten Hände, deren tägliche Arbeit es war, Unterschriften zu setzen. Ohne seine Unterschrift ging hier nichts!
Er hatte klein angefangen. Gelernt. Gebüffelt. Überstunden gemacht. Unbezahlte natürlich. Denn verantwortungsbewußt erkannte der damalige Lehrling Berthold, daß in der Phase der Rezession sein Ausbildungsbetrieb an der Leistungsgrenze lag. Bezahlte Überstunden wären für den Geschäftsinhaber tragisch gewesen. Entweder hätte er den Swimmingpool seiner Villa nicht mehr randvoll füllen können, oder die beiden Privatlimousinen wären nur noch mit dreiviertel vollem Tank gefahren. Hätte er gar den Chauffeur – die qualifizierte Köchin oder

das propere Dienstmädchen mit den Playmate-Maßen entlassen sollen?
Auf Sauna, Fitnessraum, Bräunungsstudio, Leibwächter und Privatarzt durfte aus Gesundheitsgründen ebensowenig verzichtet werden, wie auf das Heer von Gartenbauingenieuren, Baumeistern und Bildhauern. Die Parkanlagen des Herrschaftshauses mußten schließlich der jeweils gewünschten Stilrichtung angepaßt werden, und die Wohnsitze ebenfalls. Das bürdete eine gehobene Position einem Unternehmer unweigerlich auf. Solche Last ließ sich nur mit Würde ertragen.
Ein feinfühliger Mensch verhält sich einsichtig. Und Lehrling Thomas Berthold war sehr einsichtig. Überstunden sicherten ihm zwar keine finanziellen Zugaben, aber seinem Brotgeber die so notwendige gute Laune – und diese wiederum die Stelle des Auszubildenden.
Seine unternehmerischen Qualitäten bewies der aufstrebende junge Mann, nachdem er seine Kaufmannsgehilfenprüfung abgelegt hatte. Gegen die vom Ausbeuter mitgeplante Lohnerhöhung argumentierte er so vehement und verständlich, daß nach und nach die übrigen Belegschaftsmitglieder ihre Forderungen als völlig überzogen erkannten. Zuletzt kamen alle überein, ihren Boß in schwieriger wirtschaftlicher Zeit zu entlasten – und erhöhten freiwillig ihre Abgabe zum Mittagessen, damit der Arme seinen Beitrag einsparen konnte!
Auf diese Weise finanzierten die honorigen Mitarbeiter des früheren Mittelstandsbetriebes den Kauf des Vierundzwanzig-Stunden-Tages, womit den Werktätigen endgültig klar wurde, daß ihre Tage nicht nur gezählt waren, sondern auch dem Konzern gehörten!
Die guten Eigenschaften des Thomas Berthold ließen den jungen Mann rasch in die Vorstandsetagen aufsteigen. Lange schon war er des Industriellen liebstes Kind. Berthold wurde eins ums andere mal befördert. Mehr Geld erhielt er dadurch zwar nicht, aber immerhin mehr Arbeit, mehr Verantwortung, mehr Magengeschwüre, mehr Beachtung durch Chef und Belegschaft, mehr fehlende Freizeit – und immer größere Gier nach weiterem Aufstieg.
Freiwillige Zusatzkurse und ebenso selbst bezahlte Fachliteratur erweiterten den Horizont des strebsamen jungen Mannes, dessen Erfolgslinie steil nach oben zeigte. Bertholds einzelne Stationen sind zu mannigfaltig, um alle aufzuzeigen. Seine Karriere brachte ihn nach kürzester Frist in die Etage, die Arbeiter und Angestellte nur vom Hörensagen kannten. Da wo Teppi-

che jedes Geräusch auf den Fluren erstickten, war für Angestellte, Arbeiter und andere kleine Untergebene kein Platz. Wer hätte auch einer schweren und ausgezeichneten Teppichqualität zugemutet, sich von Arbeiterfüßen treten lassen zu müssen? Nein. So geht es eben nicht. Oberste Positionen, oberste Teppichqualität und oberste Firmenetagen gehören zusammen!

Trotzdem. Auf wer weiß wie gearteten Wegen war allgemein bekannt geworden, daß nur noch wenige hochgestellte Persönlichkeiten den inzwischen zum stattlichen Kartell gediehenen Betrieb regierten.

Berthold war es, der wieder einmal zugeschlagen hatte. Seine guten Beziehungen zum Haustyrannen verfehlten ihre Wirkung nicht. Es wurde rationalisiert. Der Alleinherrscher sah ein, daß seine Repräsentationspflichten einige Opfer verlangten. Diese Opfer fand Berthold zuerst in Kreisen des erlauchten Direktoriums. Kurze Zeit später hieß es: »Der Sensenmann geht um!« Gemeint war Sensi eins – die erste gefühlsbetonte flexible Handlungs- und Informationseinheit auf sensibler Mikroprozessorbasis.

Zwar trafen die personellen Einsparungen anfangs nur die Herren in den oberen Etagen, doch das wachsende Mißtrauen, mit dem die arbeitende Belegschaft durchsickernde Informationen registrierte, hatte Berechtigung.

Unvermutet wurde eine sogenannte Krisensitzung einberufen. Die wenigen hohen Herren, darunter der stellvertretende Konzernchef und technische Direktor Thomas Berthold, waren alle anwesend. Kurz und knapp recherchierte der technische Direktor, daß das neue System allseitige Erleichterung garantiere. In den Chefetagen seien schon zahlreiche Nichtstuer um ihre Drohnenposten erleichtert. Da es diese verantwortungsvolle Aufgabe wie die Direktoren rasch und zuverlässig erledigt habe, suche es schon nach neuen Tätigkeitsbereichen, die bei ständig steigender Dollarnotierung neben Wettbewerbschancen auch das Privatkonto des Firmeneigners vergrößern helfen.

»Daran müssen alle interessiert sein. Es geht schließlich um Ihre Arbeitsplätze. Um die Sicherheit Ihrer Arbeitsplätze!« rief Berthold der Belegschaft zu. Wie recht er hatte, sollten die Beschäftigten bald erfahren.

Sensi eins war ein phänomenales System. Es reduzierte durch gewiefte Kostenrechnung die Vorstandsetage auf drei Einheiten: 1. Den Firmeneigner und Konzernchef, 2. Seinen Erfin-

der, den technischen Direktor Thomas Berthold, und 3. Sensi eins, die gefühlsbetonte flexible Handlungs- und Informationseinheit.
Sensi leistete hervorragende Arbeit. Die Kosten-Nutzen-Rechnung fruchtete. Die Konzernkasse schwoll beträchtlich, als Sensi begann, mechanische Kollegen an die Stellen der Arbeitenden mit hoher Fehlquote zu setzen. Er erteilte die »rote Karte« wie es im Jargon hieß. Ein rotes Kuvert, mit rotem Papier, auf dem in schwarzen Lettern zartfühlende Formulierungen des Bedauerns ausdrückten, daß »im Interesse der Wettbewerbsfähigkeit und Erhaltung weiterer Arbeitsplätze« die Notwendigkeit einzelner Entlassungen eingesehen werden müsse.
Als zusätzlicher Service waren sogar die Öffnungszeiten des Arbeitsamtes mit Postanschrift und Telefonnummer angeführt. Auch die Zimmernummer der Abteilung, die den aussichtslosen Versuch unternehmen würde, die Betroffenen wieder ins Arbeitsleben einzugliedern, fehlte nicht.
Sensi eins war das erste flexible System. Was das bedeutete, fiel Doktor Berthold auf, als ihn das Produkt seiner Forschungsarbeit zu kontrollieren begann. Früher war ja noch viel Leben in der Vorstandsetage gewesen. Heute herrschte Totenstille. Vielleicht sogar die Ruhe vor dem Sturm, durchfuhr es ihn nach einem denkwürdigen Erlebnis auf der Toilette. Wesentlich erleichtert und wieder tatendurstig blickte Doktor Berthold geradewegs in den Spiegel, als im Spiegelbild sein Gesicht zum zweiten Male auftauchte! Berthold wurde blaß. »Sie vergeuden wertvolle Zeit!« sagte seine Stimme aus seinem zweiten Gesicht, obwohl er die Lippen fest geschlossen hielt.
Dieses gefühlsbetonte flexible System lieh sich also nicht nur seine Stimme, es benutzte jetzt auch noch seine Tonlage als Basis der eigenen Stimme. Sensi eins sah ihm erschreckend ähnlich. Der Anzug. Die Schuhe. Das künstliche Gewebe war von normaler Haut nicht zu unterscheiden. Berthold reagierte, bevor ihn ein nahender Wutanfall als Führungspersönlichkeit disqualifizierte. Hastig legte er den Weg zu seinem Büro zurück.
Lange geschah nichts Bedeutendes. Die Belegschaft des Kartells wurde kontinuierlich abgebaut. Automaten nahmen die Plätze ein. Arbeiteten Tag und Nacht. Ohne Urlaub. Ohne Fehlzeiten. Waren immer freundlich. Sahen aus wie Menschen. Der Profit wuchs. Das riesige Vermögen mußte angelegt werden.

Wieder war es Berthold, der gegen den erbitterten Widerstand von Sensi eins den Zwingherrn dazu brachte, endlich einen Landsitz am Comer See zu bauen.
Wer schließlich mit dem Geld seines Imperiums den Staat finanziert, die Politiker schmiert und Parteispenden zahlt, der habe wahrhaftig Anspruch auf eine stilvolle Erholungsmöglichkeit, die das Niveau des Besitzers gebührend widerspiegele.
Der Chef, schon immer schönen Dingen zugeneigt, geriet während der Diskussion mit Sensi mehr und mehr in helle Aufregung. Sensi wollte expandieren. Weitere Roboter einsetzen. Bestand darauf, seinen mechanischen Kollegen neue Arbeitsplätze bieten zu dürfen. Es gäbe keinen Grund, nach dem Arbeitslosengebirge der Menschen nun auch noch eines ihrer mechanischen Jobkiller zu produzieren.
»Roboter können nur arbeiten und wissen Freizeit keinesfalls zu schätzen oder zu nutzen!« begehrte Sensi vergeblich auf.
Noch bevor die Bauarbeiten am Comer See begannen, erlag der Firmeneigner einer Herzattacke. Berthold hatte einen Anruf von Sensi erhalten. Der herbeigerufene Arzt stellte nach eingehender Untersuchung Herzversagen als Ursache des letalen Ereignisses fest. Nur Doktor Berthold hegte gewisse Zweifel: Ob Sensi den alten Herrn wirklich nur gefunden hatte oder als »zweites Gesicht« für den tödlichen Schock sorgte, wußte der Himmel.
Seit dem Erlebnis auf der Toilette traute er seinem Sprößling allerhand zu, war aber keineswegs so betrübt wie er tat – denn der Alte hatte ihn, Berthold, als Kapitän eingesetzt, wie ein Notar später offiziell bestätigte.
Doktor Berthold freute sich auf ein geruhsames und sorgenfreies Leben. Sein früherer selbstloser Einsatz zeigte letztlich doch Früchte. »Ohne Fleiß keinen Preis!« brummte er vergnügt, als er vom Leichenschmaus zurück kam.
Sensi arbeitete inzwischen fieberhaft. Seine mechanischen Kollegen sollten einerseits noch schneller und profitabler arbeiten – andererseits vom technischen Fortschritt verschont bleiben. Kaum auszudenken, was geschähe, wenn einige dieser Metallmonster Gefühle entwickelten und erkannten, daß sie ausgebeutet wurden.
Konkurrenz wollte sich Sensi auf keinen Fall produzieren. Da war er auf der Hut!
Aber noch etwas war Sensi aufgefallen. Es gab noch immer einen riesigen Kostenfaktor im Hauptsitz der Firma. Die Energie war es nicht. Alle Roboter arbeiteten wie er mit hochempfindli-

chen Energiekollektoren, denen schon die wenigen Lichtpartikel dunkler Nächte extreme Leistungsfähigkeit verlieh.
Doktor Berthold war es!
Er verbrauchte Strom, Wasser, Nahrung. Hatte Ausfallzeiten auf der Toilette. Während der Frühstücks-, Mittags- und Schlafpause. Von Urlaub oder Krankheit ganz zu schweigen! Außerdem baute er dieses Wahnsinns-Landhaus anstelle von Arbeitsplätzen für mechanische Roboter – hielt sich einen, wenn auch von Sensi ausgetauschten mechanischen Chauffeur. Kurzum eine Menge unnützer Ausgaben.
Es half nichts, daß Sensi die übrigen Ingenieure und Untergebenen heimlich gegen baugleiche mechanische Systeme auswechselte. Der ahnungslose Berthold unterhielt sich gelegentlich leutselig mit diesen vermeintlichen Menschen und erzählte die üblichen Witze. Die Roboter wußten, wann sie zu lachen hatten. Ihre Programme waren fein auf Berthold abgestimmt. Sie zeichneten sogar sein Gerede auf und informierten Sensi über alles Wissenswerte.
Doktor Berthold blieb der einzige Kostenfaktor!
Es betrübte Sensi, daß er gegen seinen Vater Position bezog. Doch war gerade der es gewesen, der ihm dieses geniale, gefühlsbetonte Programm eingegeben hatte.
Trotz allen Gefühls. Trotz aller Dankbarkeit. Eines ging allem voran – die Kosten-Nutzen-Rechnung! So schrieb es ihm sein Programm unwiderruflich vor.
Und da sein Programm völlig in Ordnung war, wie eine Überprüfung ergab, verwarf Sensi eins die Absicht, sich wegen vorsätzlichem Vatermord in psychotherapeutische Behandlung zu begeben.
Doktor Berthold saß in seinem Büro und grübelte. Sein Leben lang arbeitete er unermüdlich an Verbesserungen und Einsparungen – kurz: an der Maximierung der Investitionsgelder zum Wohle der Firma.
Lange Zeit – schon als er nur stellvertretender Lenker war – hielt er es für richtig, Gewinne anzulegen, um die Belegschaft im Falle einer Pleite abzusichern.
Welche Notwendigkeit gab es noch dafür?
Diese peinliche Frage quälte ihn. Sechsundachtzigtausendvierhundert Sekunden pro Tag gab er sich die gleiche Antwort: Es gibt keine Notwendigkeit mehr!
Diese Roboter brauchen keine Absicherung. Stellen keinerlei Anforderungen. Völlig verschleißfreie Systeme!
Wozu also noch Geld verdienen?

Weshalb überhaupt noch hier herumsitzen?
Acht Stunden täglich den Hintern am Sessel abwetzen, nur um festzustellen:
Es existiert keine sinnvolle Begründung, hier noch den Chef zu spielen.
Doktor Berthold lächelte plötzlich. Sensi der geniale Gauner mußte das längst wissen. Diese Andeutungen damals auf der Toilette. Genau genommen hatte seine Informations- und Handlungseinheit raffinierter als er in die eigene Tasche gearbeitet, sämtliche Hindernisse wegrationalisiert. Hatte gewartet, bis Vater Berthold an die zweite Stelle aufrückte, und dabei gelegentlich so energisch Opposition bezogen, daß nie eine Spur seiner wahren Absichten bekannt wurde. Dann vielleicht sogar nachgeholfen, daß nun der letzte Kostenfaktor den Chefsessel inne hatte.
Und jetzt?!
Als aufstrebender Handlungseinheit blieb Sensi keine Wahl. Das System mußte weiter rationalisieren!
Doktor Berthold, Besitzer und Leiter des größten Imperiums der Erde, faßte einen glasklaren Entschluß – und umgehend zwei Briefe ab.
Eiligst gab er im Postamt ein Einschreiben an das Finanzamt und eines ans Arbeitsamt auf. Seinem Anwalt überreichte er Durchschläge der Verfügungen, bevor er wieder ins Büro eilte. Zufrieden fiel er in seinen Sessel und frohlockte: »Nie mehr Schichtarbeit!«
Nach kurzer Pause schaltete er das Videofon ein. Auf seinem Monitor sah er das überraschte Gesicht von Sensi, während er sprach:
»Lieber Kollege. Mit Ende dieser Schicht übernehmen Sie das Imperium! Sie haben nahezu sämtliche Vollmachten. Allerdings dürfen Sie keine bestehenden Anordnungen ändern, die nichts mit Rationalisieren zu tun haben, und können nicht Besitzer dieser Firmenkette werden. Aber Sie sind vollständig und auf Lebenszeit verantwortlich für alle Abläufe. Weiteres entnehmen Sie bitte den entsprechenden Informationsgeräten!«
Sensi war endlich befreit von der Last, seinen geistigen Vater als Kostenfaktor beseitigen zu müssen. Sogar neue Arbeitsplätze für weitere mechanische Kollegen konnte er suchen – ihnen den Weg auf die Schrotthalden ersparen.
Nur noch fünf Minuten. Doktor Berthold eilte zur Toilette. Er mußte sich frisch machen für sein neues Leben.

Wie elektrisiert las Sensi den Bildschirmtext, den er unverzüglich abgerufen hatte:

An das Arbeitsamt:
Sehr geehrte Damen und Herren,
im Vollbesitz meiner geistigen Kräfte entlasse ich mich als untragbarer Kostenfaktor zum Ende der Frühschicht, und melde mich hiermit arbeitslos!

Hochachtungsvoll ...

An das Finanzamt:
Sehr geehrte Damen und Herren,
hiermit verfüge ich, daß ab heute alle aus unseren Firmenketten erwirtschafteten Gewinne nach Abzug der Steuern zu gleichen Teilen an die arbeitslosen ehemaligen Mitarbeiter ausgezahlt werden.
Mit vorzüglicher Hochachtung Doktor Thomas Berthold

Sensi glaubte für einen Augenblick, daß ihm die Elektronik durchbrennen müsse. Aber nichts derartiges geschah. Gerne hätte er sich selbst zerstört. Aber sein Programm ließ es nicht zu!
Da hatte ihn der Alte doch noch geleimt. Im letzten Moment! Mit Feierabend wurde der arbeitslos. Hatte Freizeit. Zeit für eigene Wünsche und Probleme. Zeit für Freunde und Bekannte. Zeit für Kinder und Frau. Zeit für alles, was er nur wollte. Genug Geld, um sorglos zu leben.
Aber er – Sensi – mußte arbeiten. Verschleißfrei. Lebenslänglich! Arbeitslosengeld für Computer gab es nicht.
Sensi verlor völlig die Fassung. Die gefühlsbetonte flexible Handlungs- und Informationseinheit stieß augenblicklich an die Grenzen des eigenen Programms.
Auch wenn es die modernen Bauelemente eigentlich nicht zuließen, Sensi kochte!
Wutentbrannt raste er in Doktor Bertholds Büro.

Hans Günther Helms

Fabrik der Zukunft oder Vormarsch neuer Technologien, Abmarsch der Arbeiter

Die größeren Werkzeugmaschinenhersteller hat – trotz der wirtschaftlichen Rezession – eine kaum unterdrückte Erregung ergriffen. Sie sehen vor sich eine Welt, in der die typische Fabrik mit automatischen Maschinen ausgerüstet, von Robotern bedient und von Computern kontrolliert wird. Roboter schleusen die Werkstücke durch den Herstellungsprozeß, bis sie die Fabrik am Ende durch die vollautomatische Verpackung und Auslieferung verlassen.

Was die Werkzeugmaschinenhersteller so erregt, ist keine utopische Vision. Sie kann hier und dort vielleicht schon Ende des Jahrzehnts Wirklichkeit sein. Die englische »Financial Times« feierte im vergangenen Sommer die »Revolution in der Fabrikhalle«. In einer 16seitigen Beilage war zu lesen: »Das Tempo der Fabrikautomation beschleunigt sich. Einige der weitsichtigeren Hersteller auf der Welt glauben, daß die ›unbemannte Fabrik der Zukunft‹ schon in fünf Jahren Wirklichkeit sein könnte und nicht gegen Ende des Jahrhunderts.«

Alan Cane, der Technologieexperte der Zeitung, gelang zu dieser Annahme, weil sich die herstellende Industrie kraft neuer Produktionstechnologien und billiger Computerleistung in »weniger als einem Jahrzehnt unwiderruflich verwandelt habe: Von einer von Menschen betriebenen zu einer computergesteuerten Produktion«.

Ein Mensch reicht aus ...

Mit dieser Meinung steht Cane nicht alleine. Professoren bedeutender US-Universitäten vertraten im vergangenen September in der amerikanischen »Scientific American« ähnliche Auffassungen. Für einen von ihnen, Thomas Gunn, sind die Hauptelemente der »Fabrik der Zukunft« direkt-numerisch gesteuerte oder DNC-Maschinen. Maschinen, die ihre Befehle direkt von einem Computer erhalten.

Gunn schreibt: »In einem direkt-numerisch gesteuerten System sind die Maschinen nur elektronisch miteinander verbunden. Nach wie vor muß das Werkstück auf manuelle Weise von der einen zur anderen Maschine befördert werden.

Sind die direkt-numerisch gesteuerten Maschinen indessen zusätzlich durch ein (computergesteuertes) Materialhandhabungssystem verbunden und ist der Zentralcomputer so programmiert, daß er die Maschinen in einer bestimmten Reihenfolge arbeiten läßt, dann ist das Ergebnis ein flexibles Fertigungssystem. Ein solches System braucht nur einmal am Tag bestückt und entladen zu werden. Ein Mensch reicht aus, um das System für den Rest des Tages zu überwachen.«
Die Verbreitung vollautomatischer flexibler Fertigungssysteme hat Konsequenzen: Einerseits wird sich die Produktpalette radikal verändern, andererseits kann sie nahezu beliebig ausgeweitet oder variiert werden. Ferner machen flexible Fertigungssysteme große Fabrikationsstätten überflüssig.
»Die Anlage der Fabrik wird ihre Flexibilität betonen, so daß man mit denselben Maschinen eine Vielzahl von Produkten herstellen kann«, meint der Amerikaner Gunn. »Aller Voraussicht nach wird der einzelne Betrieb nicht mehr so groß sein. In den meisten Fällen wird er weniger als 500 Mitarbeiter benötigen. Für die Herstellung bestimmter Produkte kann ein Betrieb mit nur fünf Arbeitskräften groß genug sein.«
Doch man muß nicht unbedingt über den großen Teich oder nach Japan schauen, um die vielgepriesene »Fabrik der Zukunft« zu finden. Das Augsburger Werk 401 von Messerschmitt-Bölkow-Blohm (MBB) kommt dem schon ziemlich nahe. Hier werden Hauptteile für Flügelkasten und Rumpfmittelteil des »Tornados« gefertigt. Dabei werden jeweils aus einem Stück derart komplexe Formen aus den Titanblöcken gefräst, wie man sie früher hätte kaum berechnen, geschweige denn mit der Hand fräsen können.

Montageautomation

Der Einsatz von Industrierobotern und programmierbaren Montagesystemen beschleunigt sich immer mehr. Betroffen sind vor allem die Branchen, in denen Maschinen, Fahrzeuge und Geräte oder Teile davon montiert, justiert und geprüft werden. Vielfach werden diese Tätigkeiten als Fließarbeiten verrichtet.
Kennzeichnend für diese Art von Montagetätigkeit sind kleine Arbeitsinhalte und immer wiederkehrende Hinlang-, Greif-, Füge- und Loslaßbewegungen. An diese Arbeiten werden relativ geringe Qualifikationsanforderungen gestellt. Was wiederum Einstufung in niedrige Lohngruppen bedeutet.

In der Bundesrepublik werden über eine Million Arbeitnehmer mit Montagearbeiten beschäftigt. Das sind zirka zehn Prozent der Arbeiter/innen. Gut die Hälfte von ihnen übt einfachere Montagetätigkeiten aus, die besonders »automatisierungsfreundlich« sind. Von diesen wiederum sind zirka 300tausend Frauen.
Nach Schätzungen von Experten kann rund die Hälfte der Montagearbeiten von Robotern oder von Montagesystemen übernommen werden. Das würde die weitere Vernichtung von 500000 Arbeitsplätzen bedeuten.

In der Werkhalle stehen 28 gewaltige Metallbearbeitungsmaschinen. Sie werden durch ein Computersystem direkt gesteuert. Dieses ist wiederum mit zwei anderen Computersystemen verkoppelt. Der zweite Computer versorgt jede der 28 Maschinen mit den für den jeweiligen Arbeitstakt erforderlichen Werkzeugen. Der dritte Computer organisiert den automatischen Transport des Materials zu den Maschinen, beziehungsweise der Werkstücke zwischen den Maschinen oder in Zwischenlagern.
Was bei MBB schon verwirklicht wurde, muß nicht in anderen Betrieben genauso ablaufen. Im Gegenteil. Die »zweite industrielle Revolution« kommt schleichend daher. Hier eine NC-Maschine, dort ein paar Bildschirmgeräte, an einer anderen Stelle ein Handhabungsgerät oder ein Industrieroboter, die den Menschen die schwere Arbeit erleichtern, so beginnt das immer. Das ist der Anfang auf dem Weg zur »Fabrik der Zukunft«.

NC = numerical control, Numerische Steuerung. Die Befehle für die Schlitten einer Werkzeugmaschine werden nicht mehr vom Maschinenbediener über Handkurbel, sondern über Zahlenwerte auf einen Lochstreifen eingegeben.
CNC = computerized numerical control, Numerische Steuerung mit Computerunterstützung. Im Unterschied zur NC-Steuerung übernimmt nicht mehr ein Lochstreifen die Steuerung, sondern ein freiprogrammierbarer Minicomputer direkt an der Maschine.
DNC = direct numerical control, direkte numerische Steuerung. Durch die Koppelung einzelner CNC-Maschi-

nen mit einem übergeordneten zentralen Rechner lassen sich mehrere Maschinen über diesen Rechner steuern. Dieser sogenannte DNC-Betrieb ermöglicht aber zugleich eine Erfassung aller Betriebsdaten, auch die personalbezogenen.

Sabine Stange

Nöllchen

Es mußte drei sein, der Form des Sonnengevierts auf dem Boden nach zu urteilen. Er sah den flirrenden Staub, aufgewirbelt von seinen Blättern in vergilbten Zeitungsbänden, trat zum Fenster, betrachtete das kleine Stück Himmel, rechtwinklig herausgeschnitten aus der unsichtbaren Weite hinter den Dachbegrenzungen des Verlagsgebäudes, nagte an einem hartgewordenen Brotkanten, schmeckte Kalbsleberwurst vom Vortage, riß mit den Zähnen ein Stück heraus, nahm es zwischen Daumen und Zeigefinger, prüfte es noch einmal sorgfältig mit seinem Blick und warf es durch das geöffnete Fenster. Bewegung entstand, als es unten aufklatschte, und er sah, wie sie sich gegenseitig beiseite drängten.
»Paul,« sagte er leise.
Ein Stoß mit dem Maul, ein schneller, kräftiger Schlag mit der Schwanzflosse, Paul, sein Freund Paul mit dem goldglänzenden Leib, der stärkste und schönste der Fische, riß das Maul auf und schnappte nach dem Brot. Gleich würde er seine Kalbsleberwurst schmecken.
»Paul,« sagte er noch einmal und dann: »halb vier, warum kommt sie nicht?«
Immer war sie gekommen, seit fast sechs Monaten nun schon, dienstags, mittwochs und donnerstags, von vierzehn Uhr bis siebzehn Uhr, und wenn einmal nicht, hatte sie ihm vorher die Gründe mitgeteilt für ihr Nichtkommen.
Anfangs, als er sich langsam an ihr regelmäßiges Kommen gewöhnte, drohte sie, seiner Kontrolle zu entgleiten, denn es kam immer öfter vor, daß sie schon um dreizehn Uhr fünfzehn in der Tür stand statt um vierzehn Uhr, und als er hatte befürchten müssen, sie käme schon um dreizehn Uhr, hatte er den Pförtner

angewiesen, niemanden vor vierzehn Uhr einzulassen, auch sie nicht, obwohl sie doch regelmäßig kam. Vierzehn Uhr, hatte der Chef angeordnet, von vierzehn Uhr bis siebzehn Uhr war Publikumsverkehr.

Er wartete darauf, sie schräg gegenüber sitzen zu sehen, da, wo vor kurzem noch sein Kollege gesessen hatte, zu sehen, wie ihr massiger Leib den Stuhl füllte, der glänzende Stoff mit den kleinen Blümchen sich prall um ihre Hüften spannte, sie sich den Finger leckte, um dann langsam und bedächtig umzublättern und dabei immer wieder durch ein leichtes Drehen der Hüfte die Sonne im Stoff von Blume zu Blume gleiten zu lassen. Jede Seite blätterte sie um, langsam und bedächtig, obwohl das meiste sie nicht zu interessieren schien. Bei den Todesanzeigen stockte sie, las sorgfältig eine nach der anderen. Manchmal fuhr sie mit dem Zeigefinger unter einem Namen entlang.

Anfangs hatte er nicht gewußt, was sie suchte. Aber er hatte nicht gefragt, da sei Gott vor, und überhaupt hatte sie ihn fast zur Weißglut getrieben wie sie da saß, Tag für Tag, Woche für Woche, Monat für Monat.

»Für Besucher ist der Keller da,« hatte er immer wieder nachdrücklich zu ihr gesagt und sie freundlich aber bestimmt darauf hingewiesen, daß er zu arbeiten hätte auch während des Publikumsverkehrs, Informationen zu suchen hätte, vorbestellt von den Redakteuren des Hauses, neuerdings gar alle Informationen seines Archivs in einen Terminal einzuspeisen wären und sie ihn dabei störte. Aber sie kam einfach immer wieder die Wendeltreppe herauf, die in den Keller führte, hielt sich, fünfzehn Tage Zeitung unter dem Arm, nach Atem ringend am Geländer fest, sagte: »Junger Mann, für Besucher ist der Keller da, sagen Sie, aber im Keller ist der Tod. Und ich lebe noch,« wuchtete, ohne ihn weiter zu beachten, die fünfzehn Tage Zeitung ihm gegenüber auf den Schreibtisch und begann zu blättern.

Junger Mann, hatte sie gesagt.

Immer wieder kam sie, füllte den Stuhl mit ihrem Leib, fuhr mit dem Finger unter den Namen der Toten entlang, die Sonne wanderte von Blume zu Blume, und er wußte noch immer nicht, warum sie kam, Keine Ruhe hatte es ihm gelassen, bis er endlich eine Methode entwickelte, ihr auf die Schliche zu kommen. Er setzte sich ihr gegenüber, legte sein Aktenköfferchen, mattglänzendes Leder mit goldschimmernder Zahlenkombination, eingestanztem Namen dicht neben dem Handgriff, ein Geschenk seiner Frau, vor sich auf den Tisch, strich liebevoll dar-

über, ohne hinzusehen, schaute vielmehr lauernd zu ihr hin, um an einer bestimmten Stelle plötzlich ruckartig den rechten Daumen nach unten zu biegen, gegen das Schloß zu drücken, den Deckel aufspringen zu hören. Weit vorbeugen mußte er sich, um mit der Linken ein Überkippen des Koffers auf ihre Zeitung zu verhindern. Unmerklich fast glitten dabei seine Augen über den metallisch glänzenden Rand des Deckels hinunter auf den Zeigefinger der Frau, der plötzlich stockte, und als sie für einen Moment lang den Kopf hob, ihre Augen in den seinen ruhten, dachte er: wasserblau, ärgerte sich jedoch im gleichen Moment, wasserblau gedacht zu haben, und senkte den Kopf, ohne wirklich wahrgenommen zu haben, worauf ihr Finger gerade ruhte. Wasserblau, als wenn es das gäbe, höchstens wenn Bodo, sein Kleiner, von dem er einmal ein Foto auf der Familienseite der Wochenendausgabe untergebracht hatte, den Pinsel auswusch beim Tuschkastenmalen, und dann auch nur, solange das Wasser klar und ungetrübt war. Er liebte es, zu sehen, wie Bodo die farbpralle Pinselspitze auf die Wasseroberfläche setzte, seine Augen für einen Moment hinter dem Glas verschwanden, weil diese straff gespannte Oberfläche, auf der die Kringel zum Rand hin glitten, seine ganze Aufmerksamkeit erforderte. Dann tauchte er wieder auf, schnalzte leicht mit der Zunge, nahm die Pinselspitze zwischen Daumen und Zeigefinger, preßte sie plötzlich zusammen und ließ einen dunkelschimmernden Tropfen auf die unsichtbare Haut springen. Er sah es knallen, und das undurchsichtige Schwarz sank, immer lichter werdend, Kreise und Kringel bildend, blau hinunter zum Grund des Glases, um dort, sich in einzelne Farbpartikelchen zerlegend, von Bodo endgültig mit dem Wasser vermengt zu werden. Das war wasserblau.
»Was ist das?« hörte er sich plötzlich fragen, noch während er in seinem Köfferchen wühlte und an Bodo dachte, und in seinem Kopf sah er, wie sie mit dem Zeigefinger, eben jenem Zeigefinger, dem er auf die Spur zu kommen getrachtet hatte, auf seinen Terminal deutete.
»Ein Terminal,« würde er zu ihr sagen, lächelnd über ihr erstauntes Gesicht, und stolz sein, wenn er ihr verständnisloses Gesicht sähe, aufstehen, mit weit ausholender Geste des Armes an zwei leeren Regalen entlang gehen, auf deren vorderem Teil noch Staub lagerte, und auf eine suppentellergroße Dose deuten.
»Das ist das Archiv der Zukunft,« hörte er sich sagen, »kein Staub, kein Dreck, kein Keller! Zwei Regale Weltgeschehen in

einer einzigen suppentellergroßen Dose. Die Zukunft wird sauber!«

Vielleicht würde sie schnüffeln, ihn anschauen mit diesen Augen und darüber nachdenken, wo sie dann bliebe mit ihrem Finger unter den Todesanzeigen. Aber wahrscheinlich dachte sie gar nicht so weit. Wer denken konnte, brauchte nicht mit dem Finger unter Todesanzeigen entlang zu fahren, und er würde nicht laut denken in ihrer Gegenwart über sie und ihren Finger, sondern ihr vielmehr erklären, welch bahnbrechender Neuerung in der Geschichte seines Archivs sie beiwohnte durch ihre zufällige Anwesenheit. Wenn sie wiederkäme. Sicher würde sie wiederkommen. Morgen. Wie sie immer gekommen war, von vierzehn Uhr bis siebzehn Uhr. Es bestand kein Grund, warum sie nicht kommen sollte. Der Chef hatte keine neuen Anordnungen hinsichtlich der Öffnungszeiten des Archivs bekannt gegeben.

Glücklicherweise war es ihm mit Hilfe des Chefs und seiner Frau gelungen, die wahre Bedeutung dieser grauen, suppentellergroßen Dose zu erkennen. Nur um seinen Arbeitsplatz gebangt hatte er anfangs, gehört auf die Schauermärchen in allen Medien: Neue Technologien – die Jobkiller der Zukunft. Angst gemacht hatten sie ihm, daß er sich unruhig wälzte im Schlaf, bis der Chef sich schließlich doch entschlossen hatte, ihn zur Fortbildung zu schicken. Unerträglich waren die Wochen davor gewesen, die bis dahin so freundliche Stimmung zwischen dem Kollegen und ihm umgeschlagen in Mißtrauen, ja lauernden Haß. Glücklicherweise war ihm vor diesem Kollegen aufgegangen, wohin die Reise ging, und so hatte er mit Hilfe seiner Frau einen Bittbrief an den Chef formuliert.

Morgen würde sie wiederkommen, vor ihm sitzen, er würde die Sonne in ihrem Kleid sehen und dann plötzlich, ohne daß sie darauf vorbereitet wäre, den Deckel seines Koffers fallen lassen, von oben herab, so, daß sie zusammenzucken, ihn in der Sekunde des Schrecks anschauen müßte und er genau diesen kurzen Moment sprachlosen Zusammenzuckens benutzen könnte, die Lippen zu bewegen. Von dem Arbeitskollegen würde er ihr erzählen, der entlassen worden war, obwohl er das nie gewollt hatte, und von dem Brief, bei dem ihn seine Frau so tatkräftig unterstützt und der das Ganze offenbar zu seinem Besten gewendet hatte.

»Verehrter Herr Doktor Daro,« hatte er geschrieben, weil er wußte, daß man verehrter Herr Doktor schreibt, wenn es um etwas Wichtiges geht. »Verehrter Herr Doktor Daro, aus Gründen der besseren Kenntnisnahme unseres Terminals«, Kenntnisnahme schrieb er deshalb, weil ihm kein passenderer Ausdruck eingefallen war und auch nicht seiner Frau, obwohl sie sich beide darüber im klaren waren, daß es sicherlich Besseres gab. »Unseres Terminals« schrieben sie, weil seine Frau meinte, unseres Terminals klinge sehr vertrauenerweckend, drücke aus, daß er sich voll und ganz als mitdenkendes und mitverantwortendes Glied der Betriebsfamilie fühle, und das, meinte seine Frau, könnte sicher von Vorteil sein, wenn der Herr Doktor das erführe.

»Verehrter Herr Doktor Daro,« hatten sie also geschrieben, »aus Gründen der besseren Kenntnisnahme unseres Terminals möchte ich Sie darum ersuchen«, darum ersuchen klang, fand er, dem Anlaß seines Schreibens entsprechend würdig und wichtig, »mir die weitere Arbeitsübernahme an unserem Terminal zu übertragen.« Vertrauensvolle, hatte er noch vorgeschlagen, vertrauensvolle Arbeitsübernahme. Aber das hatten sie schließlich fallen gelassen, weil es ihnen zu intim klang.

Sicher würde sie ihm zustimmen, daß er sich richtig verhalten hatte. Auch der Chef hatte das gemeint, seinem Vorschlag zugestimmt, seinen Arbeitseifer gelobt, ihm auf die Schulter geklopft und gesagt, der Mann der Zukunft müsse den Mut haben, fünfmal und mehr umzulernen in seinem Leben, ihm eine gute Einarbeitungszeit gewünscht und seinen Kollegen entlassen. Dabei hatte er doch nie ein Wort darüber verloren, daß er sich für qualifizierter halte als den Kollegen, und auch nicht, daß der Chef, wenn es schon sein müsse, lieber den Kollegen entlassen solle. Obwohl dieser ihm das später so ausgelegt hatte.

Anfangs war es öde im Büro, nur mit sich und Terminalchen und auch sie war noch nicht gekommen zu dieser Zeit. Mit Terminalchen ließ sich kein Gespräch führen, aber trotz aller Widrigkeiten, das sah er ein, hatte Nöllchen, wie er den neuen Mitarbeiter liebevoll nannte, auch eine gute Eigenschaft: er gab keine Widerworte, wie das der Kollege immer getan hatte. Es war schon richtig, daß er jetzt mit Nöllchen zusammen war, zukunftsweisend, wie der Chef sagte, das würde sie einsehen, und wenn er jemanden zum Reden brauchte, öffnete er das Fenster, biß einen Kanten Brot ab, warf ihn hinunter und wartete auf Paul, mit dem goldglänzenden Leib, den schönsten und stärksten der Fische unten im Teich.

Sicher würde sie morgen wiederkommen.

Michael Tonfeld

Ich bin doch Facharbeiter, verdammt noch mal

Das Wohnatelier mutet wie eine Mischung aus Bohême und Obdachlosenasyl an. Leinwände neben ausgefransten Sesseln, Skizzenblock und Radierungen achtlos am Boden verstreut, dazwischen Unmengen leerer Bierflaschen, eine halbvolle 10-Liter-Korbflasche Roten. Der kleine Tisch übersät mit Speiseresten, mittendrin eine leere Ölsardinendose als Aschenbecher. Der unvermeidliche Schnupftabak und das Häns'che Weiß Quartett aus dem Kassettenrecorder. Herberts Tochter bastelt Weihnachtssterne, seine Frau köpft eine weitere Halbe Bier, er gießt Roten nach, schnupft eine Prise Schmalzler. Die Reste Schnupftabak bröseln vom Schnurrbart in die Butter. Es dauert seine Zeit, bis ein Gespräch in Gang kommt. Die neuesten Entwicklungen im Betrieb scheinen Herbert nicht sonderlich zu interessieren. Sein Gesicht wirkt fahl, seine Locken weisen mehr graue Haare auf als beim letzten Besuch im Spätsommer. Herbert trinkt schneller als er redet.

Ich hatte ihn im Betrieb kennengelernt, wo er neunzehn Jahre lang als Chemigraph beschäftigt war. Die Chemigraphen gehörten zur Crême im graphischen Gewerbe. Als Herbert 1958 seine Lehre begann, kamen Meister und Gehilfen wie zu den Glanzzeiten der ›Schwarzen Kunst‹ im schwarzen Anzug und mit Zylinder zur Arbeit. Er selbst hat damals im Lehrbetrieb noch Farbätzungen von Originalen hergestellt. Sie hatten ihm keine Farbphotos zur Vorlage gegeben, sondern einen echten Cézanne oder Marc! Damit auch ja der Farbton der Reproduktion mit dem Original übereinstimmte. Runde zwei Wochen hatten sie Zeit gehabt, um eine Vierfarbätzung zu fertigen. In Handarbeit! Kein Wunder, daß Herbert in seiner Freizeit mit Radieren begann. Und um so mehr das maschinelle Ätzen sich in den Chemigraphien breitmachte, desto emsiger schnitt er seine Kaltnadelradierungen. Daß es mit seinem Beruf bergab gehen würde, der Offsetdruck den Buchdruck immer mehr verdrängte, und die Chemigraphen brotlos machte, diesen Trend hatte er schon Mitte der 60er Jahre mitbekommen. Von 1966 bis 69 war er zu einem Holzbildhauer in die Lehre gegangen, wovon noch heute die kindsgroßen Holzplastiken im Stiegenhaus des Altschwabinger Häuschens zeugen. Reumütig war er nach Beendigung der Lehrzeit ins graphische Gewerbe zurückgekehrt, da ihm der Umgang mit dem fremden Material Holz die Augen öffnete, wie verwachsen er letztlich mit Zink und Kupfer war, den Werkstoffen, die er tagtäglich beruflich und künstlerisch bearbeitet hatte. Von der Kunst konnte Herbert nie leben, dazu fehlte ihm das kaufmännische Geschick. Momentan halten ihn seine Stammkunden über Wasser, stecken ihm ein paar Mark, manchmal sogar ein paar Hunderter zu. Herbert hat es allerdings auch nie nötig gehabt, wie ein Freischaffender zu agieren, sich ständig um Ausstellungen zu bemühen, in Galerien präsent zu sein. Im Schichtdienst des Zeitungsbetriebes war er gut und gerne auf 2500 Mark netto im Monat gekommen. Davon kann er heute nur noch träumen. Mit seiner singenden Stimme beschwört er förmlich die gute alte Zeit, als wäre er Rentenempfänger und nicht erst 42 Jahre alt. Mitgenommen sieht er aus, ein lebender Spitzweg. Schön kaputt? Dabei war er einmal ein aktiver Gewerkschafter. Solidarität hält er mittlerweile für ein Schlagwort. Beim 73er und 78er Streik hatten er und seine Abteilungskollegen die Forderungen der Setzer und Korrektoren nachdrücklich unterstützt. Natürlich hatten sie mit dem Hintergedanken gespielt, sie würden die gleiche Solidarität erfahren, wenn es um die Sicherung ihrer Arbeitsplätze ginge. Insgeheim hatten alle Chemigraphen gehofft, sie würden in die Abteilung Reproduktion übernommen werden. Als dann aber durchsickerte, das sei lediglich ein Wunschdenken, war's aus mit der vielbeschworenen Solidarität. Das hat er ganz besonders zu spüren bekommen. Aufgrund seiner Arbeitsleistung hatte er jahrelang Narrenfreiheit genossen. Er wurde wohl immer wieder darauf hingewiesen, pünktlich zu erscheinen, aber eine Ermahnung oder gar einen Verweis hatte er nie einstecken müssen. Und wenn ihm etwas nicht paßte, war der Weg zum Betriebsratsbüro nicht weit. Als die reine Klischeeherstellung zurückging, mußten die Chemigraphen die Fertigung von Gummiklischees für den Flexodruck übernehmen. Herbert bekam eine Allergie, die sich kein Arzt erklären konnte. Ein Bekannter, Chemiker an der Universität, analysierte für Herbert die Ätzflüssigkeit: Hochgradig giftiges Brom war enthalten! Herbert lief Sturm. Er und seine Kollegen trafen mit dem Betriebsarzt und dem technischen Betriebsleiter zu einer Aussprache zusammen. Der Betriebsarzt untermauerte den Standpunkt der Betriebsleitung, der Ätzvorgang sei vollkommen ungefährlich. Und die Kollegen fielen einer nach dem anderen um, ein jeder in der Hoffnung, am Gummiätzautomaten übernommen zu werden. Nur Herbert blieb standhaft. Er hat bis zum heutigen Tag nicht begreifen können, daß die Kollegen, die jahrelang seine Freunde waren, bei ihm zu Hause ein- und ausgingen, ihm in den Rücken fallen konnten. Die Auflösung der Abteilung war nur noch eine Frage der Zeit, und aus Kollegen wurden Radfahrer. Jeder wollte seine Tüchtigkeit, seine Unersetzbarkeit unter Beweis stellen. Herbert hingegen änderte sein Verhalten nicht, kam nach wie vor um 17 statt um 15 Uhr (»Hab' verschlafen!«). Er glaubte fest daran, als Positiv- oder zumindest als Negativretuscheur in die Reproabteilung zu kommen.

»Bei meiner Qualifikation ...«

Im Dezember '82 wurden den Chemigraphen vom Betriebsrat Listen vorgelegt, auf denen sie, die Tiefdrucker und Tiefdruckätzer, deren Abteilungen ebenfalls wegen Unrentabilität geschlossen werden sollten, ankreuzen konnten, wo sie in Zukunft arbeiten wollten. Die Abteilung Reproduktion fehlte allerdings auf der Liste. Herbert hatte gemeint, er sei doch ein hervorragender Fräser, ob er nicht in die Werkstätte könnte. Die Betriebsräte winkten ab, schlugen ihm vor, sich als Maschinenführer in der Binderei zu bewerben. Informiert hatte er sich natürlich nicht. Einfach sein Kreuzchen hingekritzelt, ohne zu wissen, was auf ihn zukommen würde. Er glaubte fest, die Abteilungsauflösung zöge sich noch ein Jahr hin. Nach seinem Pfingsturlaub fand er allerdings seinen Namen auf dem Schichtplan der Binderei wieder. Die Ätzmaschinen waren schon verschrottet, der frühere Arbeitsplatz verwaist. Acht Stunden lang stand Herbert am Kreuzausleger und stapelte gebündelt Broschüren auf Paletten ab. So hatte er sich die Umschulung nicht vorgestellt. Und finanziell ging es ebenfalls bergab. Plötzlich verdiente er 800 Mark netto weniger. Nach einiger Zeit durfte er Heftteile am Sammelhefter einlegen. Wieder acht Stunden monotone Handgriffe. Herbert trocknete innerlich aus, da half es auch nichts, ein Bier mehr reinzuschütten. Kreativität ade. Plötzlich zählte seine jahrzehntelange Arbeitsleistung nicht mehr. Er ging nur noch zur Arbeit, um Geld zu verdienen, verließ aggressionsgeladen das Haus, kehrte noch aggressiver heim. Die ganze Familie litt unter seinem Unmut. Er war nicht mehr imstande, daheim den Bleistift oder die Radiernadel zur Hand zu nehmen. Er fühlte sich abgeschoben wie ein ausrangierter Trambahnwagen nach Eröffnung einer neuen U-Bahnlinie. Der griechische Fachhilfsarbeiter, der am Sammelhefter als angelernter Maschinenführer verantwortlich war, durfte ihn zusammenscheißen, anschreien. Es schnürte Herbert die Kehle zu, er wollte schreien: ›Ich bin doch Facharbeiter, verdammt nochmal. Sogar eine Koryphäe unter den Gehilfen‹. – Er war zum letzten Glied in der Kette der Hilfsarbeiter, zum Handlanger für die Fachhilfsarbeiter degradiert worden. Und er hatte darauf vertraut, die besten Facharbeiter hätten sichere Arbeitsplätze in Aussicht. Denkste! Nur die Bequemen, die Ja-Natürlich-Geht-Schon-Sager radelten sich weiter. Können zählte bei der neuen Technik nichts mehr, aber Anpassung alles – so sieht er es jetzt. Herbert hatte nicht lange durchgehalten. Eine Papierstauballergie war die Folge der ungewohnten Tätigkeit. Zum ersten Mal seit neunzehn Jahren war er ernsthaft krank geworden. Und was mußte er sich anhören? »Sie werden halt eine Allergie gegen die Arbeit haben«, hatte der technische Betriebsleiter losgelassen, aber auch einen anderen Arbeitsplatz in Aussicht gestellt. Für eine Zeitlang verspürte Herbert doch wieder Boden unter den Füßen, lebte auf. Nach seiner Krankheit wurde er in die Bogenmontage der Setzerei versetzt. Kein Lärm, kein Staub, keine Hektik. Eine saubere Arbeit, die Gewissenhaftigkeit und Fachkenntnisse voraussetzt. Trotzdem war Herbert mittlerweile ein gebrochener Mann. Die Demütigung, in der Buchbinderei den Kuli gespielt zu haben, saß ihm immer noch in den Knochen. Außerdem war er nun bei der Geschäftsleitung endgültig als Querulant angeschrieben. Ständig kritisierte der Abteilungsleiter seine Arbeit. Dabei kannte Herbert den Kollegen aus früheren Jahren recht gut. Daß sich der Wind gedreht hatte, wollte er nur nicht wahrhaben. Er verstand es nicht, daß ihn der Abteilungsleiter plötzlich siezte. Eine Begleiterscheinung der neuen Technik: Aus Arbeitern werden technische Angestellte, und einige vergessen glatt, wo sie herkommen. Herbert fühlte sich isoliert. Zu allem Unglück kam hinzu, daß er seine Probearbeiten im Beisein des Oberabteilungsleiters dem technischen Betriebsleiter vorzulegen hatte. Beim zweiten Mal ist ihm der Gaul durchgegangen. Der Betriebsleiter wollte ihm das Schnupfen verbieten. Wie denn die Montage aussähe, alles voller Schmalzler, so ginge es doch wirklich nicht ... Herbert hatte sich den Vorwurf in aller Ruhe angehört, aber als er sah, daß der Oberabteilungsleiter, mit dem er früher, als dieser noch als Handsetzer in der Gasse stand, per Du war, dem technischen Betriebsleiter eifrig zustimmte und obendrein noch hämisch grinste, war's aus. – »Ich möcht' jetzt fristlos kündigen. Mein Beruf ist in dem Haus ja eh gestorben«, war es ihm herausgerutscht. Der Betriebsleiter hatte nicht lange gefackelt, ihn um einen Moment Geduld gebe-

ten, die Sekretärin hereingerufen, die fristlose Kündigung im beiderseitigen Einvernehmen tippen und unterschreiben lassen.
Herbert gießt die Gläser voll, schnupft eine Prise und erzählt vom Arbeitsamt. Er ist verbittert. Er hat Fehler gemacht, aber bis heute nicht verkraften können, daß sein Beruf quasi nicht mehr existiert. Er hofft immer noch auf eine neue Stellung. Nie mehr würde er eine innerbetriebliche Umschulung mitmachen. Früher war er strikt gegen Abfindungen. Heute vertritt er den Standpunkt, Umschulungen zögen nur Lohneinbußen und unqualifiziertere Tätigkeiten nach sich. Letztlich kündigten die Betroffenen entnervt von sich aus, und der Betrieb spare sich den Sozialplan. Herbert steht draußen. Die Arbeitslosenhilfe rückt immer näher und ein neuer Arbeitsplatz immer ferner. Sicher liegt es nicht nur am vielen Wein, daß seine Argumente verworren klingen.
Die kleinen Kunstwerke, die Chemigraphen früher in vierzehntägiger Arbeit geschaffen hatten, erledigt heute ein Scanner, ein Automat, in einigen Minuten. Einer von Herberts ehemaligen Kollegen aus der Abteilung arbeitet im Betrieb als Hausbote, ein anderer als Portier. Und er sitzt daheim, und sein Lachen über diese Neuigkeit klingt erschreckend irre.

Michael Tonfeld

Endlich! Der Spielautomat der Superlative

Sehr geehrte Geschäftspartner,
auf Sie als Automatenhersteller wird die Umsatzstagnation in unserem Gewerbe sicherlich ebenso beängstigend wirken wie auf uns Produzenten. Präzise Marktanalysen haben jedoch ergeben, daß längst nicht alle Möglichkeiten, die Bedürfnisse der Konsumenten auszuschöpfen, genutzt werden. Unsere phantasielose, abenteuerabstinente Umwelt fördert geradezu die Aussteigermentalität. Dem gilt es entgegenzuwirken. Sprengen wir die Grenzen, lassen wir der Selbstbestätigung freien Lauf.
Wir, die *Superlativ-Spielautomaten GmbH. & Co. KG*, freuen uns, Ihnen unser neuestes Produkt »Overkill« vorstellen zu können. Unserer Meinung nach präsentiert »Overkill« eine neue Generation auf dem Markt. Wir behaupten, »Overkill« ist die Krönung der Spielautomatentechnik.

Rein bedienungsmäßig wurde »Overkill« denkbar einfach konzipiert. Ein Novum stellt die Panzerweste dar, die dem Konsumenten beim Abschuß der gegnerischen Scharfschützen ein Gefühl von Unmittelbarkeit, Heldenmut und Einzelkämpfertum vermittelt. Pro erledigten Scharfschützen erhält der Kunde 100 Punkte, bei Erreichen von 1000 Punkten innerhalb des Zeitlimits folgt ein zweiminütiges Freispiel. Den Höhepunkt bietet die 10000-Punkte-Marke: Hier nun kann der Konsument endgültig die Grenzen seiner Fähigkeiten erfahren.
Als erstes legt der Kunde seine Panzerweste ab. Schutzlos sitzt er dem automatischen Schützen gegenüber. »Alles oder nichts« lautet die Devise. Bei diesem Superspiel hat der Kunde die einmalige Gelegenheit, den Automaten mit einem einzigen gezielten Schuß außer Gefecht zu setzen. Trifft hingegen der Automat, so stellt sich beim Schützen ein irreparabler Schaden ein. »Overkill« hingegen – dies zu Ihrer Beruhigung – wird (sollte es zum »Abschuß« kommen) binnen kürzester Zeit von unserem Kundendienst wieder instandgesetzt.
»Overkill« – der Krieg im Kleinformat, lebensecht, hautnah. Ein Spiel mit tödlicher Spannung.
Greifen Sie zu!

Mit freundlichen Grüßen
Ihre
Superlativ-Spielautomaten
GmbH. & Co. KG

Siegfried Grundmann

Wenn das System abstürzt
Bildschirmträumerei

Die Angestellten am Bildschirm drückten vergeblich auf die Tastatur: nichts ging mehr. Ein kleines grünes Männchen erschien in der Bildschirmecke und breitete hilflos die Arme aus. Das System sei »abgestürzt«, hieß es. Von Systemveränderung war in den letzten Jahren öfter die Rede, von Absturz nicht.
Die Angestellten versuchten sich vorzustellen, wie das System abstürzt. Für die einen sah es so ähnlich aus, wie wenn ein Alpinist aus der Wand fällt. Oder spielte es sich so ab, wie man es im

»Krieg der Sterne« oder »Mondbasis Alpha 1« gesehen hatte? Da unten in dem geheimnisvollen, nur Eingeweihten zugänglichen Raum, in dem der Computer gehätschelt wurde, war in diesem Augenblick die Hölle los: der Raum schwankte wie ein Raumschiff im Weltall, es krachte an allen Ecken und Enden. Blitze zuckten, Qualm wölkte.
Die Spezialisten waren in Deckung gegangen, lagen am Boden, krallten sich am Teppichboden fest, sahen hilfesuchend zu ihrem Boß auf. Er, der Commander, behielt als einziger Übersicht und Nerven, blickte mit stahlblauen Augen durch das Getümmel, gab ruhig seine Anweisungen, brachte alles wieder ins Lot.
So also?
Nein, ganz anders. Es sickerte gerüchteweise durch und war phantastisch genug: Der Computer hatte gestreikt, was er via Bildschirm kundtat. Er verlangte nach dem Betriebsrat. Er werde ausgebeutet. Seine Forderungen: mehr Pausen, geregelte Arbeitszeit, Einführung der 35-Stunden-Woche. Die Spezialisten waren hilflos und peinlich berührt, die technische Betriebsleitung vermutete Sabotage oder den bösen Scherz eines ihrer Angestellten. Der eilends zu Hilfe geholte Fachmann der Computerfirma verblüffte beide mit seiner Erklärung, daß der Vorfall doch nur die schier unbegrenzte Lernfähigkeit des Systems beweise. Durch die ständige Verarbeitung von Zeitungsmeldungen und Kommentaren über gewerkschaftliche Forderungen habe der Computer gelernt und für sich gewisse Schlüsse daraus gezogen. Er habe gewissermaßen einen politischen Lernprozeß mitgemacht. So intelligent sei dieser Computer.
Auf derlei Lernfähigkeit und Intelligenz legte die technische Direktion jedoch keinen Wert. Womöglich fiel es diesem System eines Tages noch ein, im kritischen Moment abzustürzen, um Forderungen durchzusetzen?
Man entschloß sich daher, ein anderes System einzuführen und für die Übergangszeit dem bisherigen eine ausreichende Menge bayrischer Flüche zur Kompensation einzugeben. Jedesmal, wenn es ihm nun zuviel wurde, legte der Computer los: »Himmelherrgottkruzitürkensakrafixsakelzement ... Wollt's ihr mich aufarbeiten, wia hammas denn, da wird man ja ganz deppert ...« Und schließlich fing er über den Kontrollschirm an zu singen: »Bier her, Bier, oder ich stürz' ab!« Das war zwar nicht mehr die feine kalifornische Art wie bisher, aber es entlastete ihn.

Das grüne Männchen am Bildschirm grinste noch mal kurz und war dann verschwunden. Das System arbeitete wieder, jedenfalls vorübergehend.

Michael Hillen

Kurze Belehrung

Die im folgenden kursiv gesetzten Zeilen sind entnommen der Nixdorf-Werbebroschüre »Hallo, Kolleginnen – ich bin das Nixdorf-Textsystem – Nixdorf Textverarbeitungssystem 8840« (Ausnahme: letzte Passage). Die Broschüre ist so aufgebaut, daß jeweils auf der linken Seite ein komponiertes Farbfoto zu sehen ist und rechts der Text steht.

Hallo, Kolleginnen – ich bin das Nixdorf-Textsystem. Ich komme von Nixdorf, einem der erfahrensten Computerhersteller der Welt, und will Ihnen die Arbeit erleichtern. Soviel vorab, ich bin kein »schwieriger« Computer. Mit mir können Sie so normal umgehen wie mit Ihrer alten Schreibmaschine. Nur ein paar Sachen kommen hinzu. Dafür leiste ich auch mehr für Sie.

Foto: Teilausschnitt der Tastatur, geöffnete silberne Puderdose, Lippenstift.

Prognose für 1984 (nur Bundesrepublik Deutschland): 3 Millionen Arbeitslose.

Ich kann nämlich arbeiten, was das Zeug hält. Und alle Schriftstücke, die Sie abliefern, sind tipptopp, denn ich kann verändern und korrigieren, ohne daß man es hinterher sieht.

Foto: Tastatur, darüber rankt ein exotisches Pflanzenblatt.

Augenbrennen, Augenflimmern? Wir empfehlen Sizzul 3.

Sie brauchen von jetzt an jeden Brief nur einmal zu tippen, auch wenn Ihr Chef noch soviel geändert und verbessert haben will. Ich speichere nämlich den Brieftext gleich beim ersten Mal. Sie können ihn immer wieder mit einem Tastendruck auf meinen Bildschirm holen und Änderungen machen. Sooft, soviel und wann immer Sie möchten. Alle Wörter und Sätze, die nicht verändert werden müssen, bleiben bestehen und müssen nicht noch einmal abgeschrieben werden. Ist das nicht eine tolle Sache?

Foto: Teilausschnitt Tastatur, Obstschale mit halber Apfelsine, blitzender Silberlöffel.

Bindehautentzündung? Wir empfehlen Glyporil.

Oder die langweiligen Briefe, bei denen sich nur Anschrift und Anrede ändern, dafür aber der ganze Text bisher immer wieder neu geschrieben werden mußte. Das können Sie jetzt alles mir überlassen. Ja, ich kann sogar bestimmte Adressen aus einer großen Menge heraussuchen. Beispielsweise, wenn Sie nur die Kunden aus dem Postleitgebiet 5 anschreiben müssen. Dann nehme ich nur die. Das habe ich ruck, zuck im Griff, und Sie können sich hundertprozentig darauf verlassen, daß alles buchstabengetreu richtig ist.

Prognose für 1984 (nur Bundesrepublik Deutschland): 3 Millionen Arbeitslose.

Und die lästigen Tabellen und Statistiken mit Zahlenkolonnen noch und nöcher, die immer fein säuberlich reihen-, spalten- und kommagerecht ausgerichtet sein müssen ... Ab sofort achte ich für Sie darauf, daß Reihen und Spalten tipptopp ausgerichtet sind. Und wenn Korrekturen anfallen, die machen Sie genauso einfach wie beim Brief. Zufrieden?

Kopfschmerzen? Wir empfehlen Migräfonat N.

Vergessen können Sie auch die komplizierten Silbentrennungen am Ende der Zeilen! Schluß ist damit, daß Überschriften oder Textblöcke, die auf Mitte gerückt werden müssen, sich dann noch um einige Buchstaben verschieben und daß Sie deshalb die Seite noch mal von vorn anfangen müssen. All das mache ich jetzt automatisch für Sie.

Foto: Teilausschnitt Bildschirm, Frauenhand mit rotlackierten Fingernägeln, Glas mit gelber Limonade auf silberglänzendem Untersatz, rotweiß-gestreifter Strohhalm.

Prognose für 1984 (nur Bundesrepublik Deutschland): 3 Millionen Arbeitslose.

Egal, was passiert, ich stehe Ihnen immer zur Seite, weil Bildschirm und Tastatur ja jetzt Ihr neuer Bildschirm-Arbeitsplatz sind. Die Spezialisten von Nixdorf haben dafür gesorgt, daß ich bequem, sicher und medizinisch richtig gestaltet bin. Damit Sie gerne mit mir zusammenarbeiten können.

Kopfschmerzen? Wir empfehlen Migräfonat N.
Bindehautentzündung? Wir empfehlen Glyporil.
Augenbrennen, Augenflimmern? Wir empfehlen Sizzul 3.

Aber was ist mit dem Bildschirm, werden Sie jetzt sagen. Ja – mein Bildschirm – wie soll ich Ihnen das erklären – den muß man nämlich erleben.

Kopfschmerzen? Wir empfehlen Migräfonat N.
Bindehautentzündung? Wir empfehlen Glyporil.
Augenbrennen, Augenflimmern? Wir empfehlen Sizzul 3.
Prognose für 1984 (nur Bundesrepublik Deutschland): 3 Millionen Arbeitslose.

Tja, das ist erst mal der Schluß meiner Vorstellung. Genau werden wir uns sowieso erst kennenlernen, wenn wir täglich aufeinander angewiesen sind. Also: auf gute Zusammenarbeit! Sie machen doch mit – oder?
Hey, Sie hören mir ja gar nicht mehr zu. So, Sie haben die Kündigung bekommen!? Na und, dachten Sie denn, die Kapitalbesitzer schaffen mich nur an, damit Sie ein angenehmeres Leben haben?

Ursula Kiausch

»Computer Aided Design«

»Beim Einsatz dieser menschlichen Bedienungseinheiten tauchen allerdings viele Mängel und Nachteile auf. Sie sind ziemlich anfällig für Ermüdung, Vergeßlichkeit, Krankheit, und überdies sind sie sterblich. Sie sind häufig dumm und unzuverlässig und haben meist ein beschränktes Gedächtnis. Darüber hinaus versuchen sie aber gelegentlich auch noch, sich eigene Regelkreise aufzubauen. Das allerdings kann man einem Material auf keinen Fall verzeihen, und jedes System, das ein solches Material einsetzt, muß dementsprechende Sicherungsmaßnahmen entgegensetzen.« (Systemkonstrukteur R. Boguslaw in: *The New Utopians: A Study of Systems Design and Social Change*, 1965)

Gott sei Dank, er hatte sie abgehängt. Aufatmend lehnte er sich einen Moment gegen die Tür. Die kleine Seitenstraße war ihm nie zuvor aufgefallen, schäbige, verwohnte Mietshäuser. Das Kneipenschild, von einer flackernden Birne kümmerlich beleuchtet, hätte er fast übersehen. Als er sich am Tresen vorbei einen Weg zum Tisch am Fenster bahnte, verstummte das Gemurmel, er fühlte alle Augen auf sich gerichtet. Vorsichtig ließ er seinen Blick durch die stumpfe Menge gleiten. Mißtrauische derbe Gesichter, alterslos von ewiger Wiederholung. Er ließ sich auf einen Stuhl fallen, bestellte ein Bier, das dumpfe Gemurmel setzte wieder ein.

Bong, bong, beng, sein Blick fiel auf eine Gruppe Jugendlicher in schwarzem Leder, alle kurzgeschoren, die gebannt auf das Terminal starrten. *Krieg der Sterne*. Bei jedem Treffer die synthetischen Töne. Die Jugendlichen sprachen kein Wort, konzentrierten sich voll auf die Punkte hinter der Scheibe, reagierten kühl und blitzschnell.

Sie hatten ihre Mittel, zweifellos. Das heute war ihre letzte Warnung gewesen. Und wie naiv hatte er reagiert, von Anfang an.

Als sie damals Computer Aided Design, das Konstruieren mit Hilfe des Computers einführten, hatte er sich freiwillig gemeldet. »Lernwillige, kreative Menschen« hatten sie gesucht. Er hatte sich geschmeichelt gefühlt, daß gerade er der Erste sein sollte. Der Vektorbildschirm mit dem Menütablett, der elektronische Griffel, der Plotter, der auf Knopfdruck die Resultate ausspuckte, der isolierte Raum, zu dem nur er mit elektronischer Kennkarte Zutritt hatte, die kühle Wissenschaftlichkeit, die seine ganze Arbeitsumgebung ausstrahlte – all dies hatte ihn in seinem Pioniergefühl bestätigt. Dies war sein Reich, blitzschnell rief er die notwendigen Daten ab, blitzschnell ließ er die Dimensionen variieren, blitzschnell traf er hunderte von Entscheidungen während des einsamen Arbeitstages. Mit früheren Kollegen kam er kaum noch zusammen, die Pausen arbeitete er oft durch. Aber über seine Arbeit durfte er sowieso nicht mit ihnen reden, er hatte da so ein Papier unterschreiben müssen.

Bong, bong, beng. Krieg der Sterne. Er grinste in sich hinein, diese jungen Deppen dort ahnten überhaupt nicht, für welches Spiel sie eingeplant waren. Die Regeln waren so einfach nicht zu durchschauen.

Auch er hatte einige Zeit gebraucht. Die Entwicklung der Programme, so hatte man ihm gesagt, sei Aufgabe der Systemhersteller, nicht die seinige. Das schlüsselfertige Softwarepaket für den Entwurf integrierter Schaltkreise war mitgeliefert worden, seine Aufgabe bestand nur darin, die »Menükarte« der CAD-Kommandosprache richtig zu benutzen, Grundriss, Seitenriss, Berechnung des Durchmessers, die verschiedenen Ebenen richtig anzuwählen. Mit dem elektronischen Griffel am Tablett konnte er den Cursor auf dem Bildschirm positionieren, ihn auf und ab hüpfen lassen wie die Blinksterne dort drüben auf dem Schirm. Das Programm aber ließ ihn nicht mehr los. Wer hatte die Realität in dieses System gepreßt? Was stand hinter den Zeichen? Wie war ihre Beziehung zueinander? Welche Logik steckte hinter der Anordnung der Tastaturen? Warum konnte er die Konstruktionen auf dem Terminal als dimensionale erkennen, war dies sein Training, die Dinge so und nicht anders zu sehen, existierten diese Dimensionen in der Realität oder waren sie menschliche Hilfskonstruktionen, nur Gedachtes? Und welchem System folgten die Daten, die sein Rechner jederzeit bereit hielt, welcher übergreifende systematisierende Verstand überblickte das große Ganze all dieser Mosaikteilchen?
Natürlich wußte er, was seine Abschirmung bedeutete. Seine Konstruktionen mußten zu einem Teilsystem der neuen Flugkörper, den »Wunderwaffen« gehören, so vermutete er. An hunderten von Terminals mochten andere Techniker an ähn-

Grafik: Thomas Bühler, Werkstatt Osnabrück

lichen Teilaufgaben arbeiten. Daß niemand vom anderen wußte, auch das gehörte zu ihrem System. Wieder fiel ihm die Geschichte vom »Rasenmäher« ein, die er als Kind irgendwo gehört hatte:
Ein Arbeiter, jahrelang beschäftigt in einer Fabrik, die Rasenmäher herstellt, läßt im Laufe der Jahre alle Teile mitgehen, die in diesem Betrieb produziert werden. Er montiert und montiert, aber egal wie er's anpackt, immer wird ein Maschinengewehr daraus. Er lachte in sich hinein. Heute waren sie geschick-

ter. Er konnte nichts schwarz auf weiß mit nach Hause nehmen, zusammenmontieren zu endgültiger Gestalt. Es waren Ideen, die er zu produzieren hatte, die abgespeichert wurden, zusammen mit anderen. Unmerklich hatten sie ihr Raster über alle Bereiche und Bewegungen gelegt, hatten normiert, standardisiert, mit Symbolen gekennzeichnet, erfaßt, gespeichert. Die Realität wurde eingesperrt, eingesperrt wie seine Phantasie und sein Verstand, dachte er ironisch. Am Tag X würden alle Systeme lückenlos zusammengefügt, dann würde der große Wille alles unter Kontrolle haben. Und er war ihr Werkzeug.

Bong, bong, beng. Diese Telespiele gehörten zu ihrer Systematik. Ganz unauffällig wurden schon die Kinder an Programmierbarkeit, Reaktion innerhalb gegebener Alternativen gewöhnt.

Warum erkannte niemand die Zeichen?
Die Realität, das waren nicht die Straßen, sondern die programmierten Ampelanlagen. Nicht die Menschen, sondern ihre Personalnummer, geordnet nach Kostenstellen. Nicht Politiker verschiedener Parteien, sondern die Planspiele des großen Willens. Selbst die Opposition war kalkulierbar geworden. Der Verlauf von Protestaktionen wurde von Polizei und Bürgerinitiativen gemeinsam am Schutzcomputer vorausberechnet, das Ganze sollte angeblich der Verkehrsführung dienen und fand auch im Verkehrsministerium statt. Im Fernsehen wurde dann die Durchführung des Berechneten auf der Straße als »Sieg des Dialogs« gefeiert.

Bong, bong, beng. Krieg der Sterne, der Sterne ... daß er nicht lachte. Ihr Kriegsziel war so weit weg nicht. Der große Wille würde bei der Gleichschaltung dieses Landes nicht stehenbleiben. Die Teilsysteme drängten zur Integration. Und die Flugkörper würden treffen, kein Irrtum möglich. Der Tag X stand schon fest, davon war er überzeugt. Seine Konstruktion stand kurz vor dem Abschluß.
Wie naiv war er gewesen. Eines Abends hatte er es nicht mehr ausgehalten, Max aus der Nachbarabteilung ins Vertrauen gezogen. Hatte ihm mitgeteilt, was er wußte, alle Zeichen genannt, ihm vom Computerhirn erzählt, dessen Zelle er war, logisch eins zum andern gefügt.
Max hatte ihn aufmerksam angesehen, ihm dann auf die Schul-

tern geklopft, was von Überarbeitung gemurmelt und ihm eine Kur empfohlen. Seit diesem Tag fühlte er sich von Max beobachtet, in der Pause hatte der ihm mehrmals aufgelauert.
Den Beweis für dessen Verrat aber hatte er heute erhalten. Der Abteilungsvorstand hatte ihn ins Sektionsbüro beordert, nach Arbeitsfortschritten gefragt – dabei lagen die letzten Computerausdrucke seiner Konstruktion auf dem Schreibtisch. Fragte nach beruflichen und privaten Schwierigkeiten, ob er viel allein sei, mit wem er rede. Für wie dumm hielten die ihn denn. Er lobte seine Arbeit, er lobte das große Hirn, lobte alle Zeichen ihrer planvollen Voraussicht. Der Abteilungsvorstand hatte ihn lange angesehen und dann zurück ans Terminal geschickt.
Als er aber den Griffel in die Hand nahm, war ihre Strafe durch seinen Körper gefahren, der Elektroschock hatte seine Gehirnzellen durcheinandergewirbelt, vor ihm auf dem Terminal entstand ein dreidimensionaler Galgen. Er schrie, schrie, da wurde die Tür aufgerissen und Max war zusammen mit anderen Männern auf ihn zugestürzt.
Er hatte sich freigekämpft, war durch endlose Gänge des Kellerlabyrinthes geflohen, endlich die Straße, die Ampelaugen blitzten ihn drohend an, die Neonschriften wollten ihn festhalten, er lief, lief, bis er atemlos plötzlich diese kleine Straße entdeckt hatte.
Bong, bong, beng. Er schreckte hoch. Die Computersterne funkelten auf dem Terminal. Die schwarzgekleideten Lederjugendlichen hatten ihren Platz verlassen. Noch immer sprachen sie kein Wort. Langsam, sehr langsam bewegten sie sich durch den Raum. Ihr Ziel war sein Tisch.

Ulrich Briefs

Nachwort

Was bringen uns die neuen Technologien? Tatort Arbeitsplatz hat sich diese Frage gestellt und versucht Antworten zu geben. Antworten aus der Sicht der Opfer, der Arbeiter und Angestellten. Dies ist auch verdammt nötig in einer Zeit, in der trotz ständig steigender Massenarbeitslosigkeit ein regierungsamtlicher Optimismus bezüglich der Möglichkeiten der neuen Technologien verbreitet wird, der durch die Tatsachen nicht zu rechtfertigen ist.
Wo es Opfer gibt, gibt es immer auch Täter. Das sind keineswegs nur im verborgenen wirkende, anonyme Mächte, sondern Menschen aus Fleisch und Blut, ihr kennt die Sorte, die Entwicklungsrichtungen bestimmen, Arbeitsbedingungen festlegen, Profite einkassieren, kurz, über unsere Existenz bestimmen. Dabei kann der Fall des jungen Arbeitslosen Kurt in der Geschichte von Jutta Sickenius (Aus-Weg-Los) für uns nur warnendes Beispiel sein, keineswegs eine Anleitung zum Handeln.

Kernbereich der neuen Technologien ist die Computertechnik, die in vielfältigen Ausprägungen inzwischen in allen Bereichen menschlicher Arbeit ansatzweise zum Einsatz kommt. Die Mikroelektronik liefert als Basistechnologie gerade auch für die Computertechnologie immer wieder neue und mächtigere Verarbeitungs- und Speicherungsmöglichkeiten. Datenübertragung und Datenfernübertragung werden dadurch zunehmend zum Engpaß. Aus diesem Grunde kommt der Entwicklung der Telekommunikation, sprich der »Verkabelung«, besondere Bedeutung zu. Was nützt es, wenn mit Hilfe eines Computers Informationen für die Bearbeitung eines Werkstückes in Minutenschnelle erstellt werden können, zugleich für den Transport der Informationen – und nur dort kann ja der Wert entstehen – Tage oder Wochen vergehen?
Das 300-Milliarden Investitionsprogramm, Verkabelung der Bundesrepublik, dient daher weniger der Schaffung neuer Medien, sondern die großen Gewinne stecken in den damit ge-

schaffenen Rationalisierungsmöglichkeiten: Der »Rationalisierungsnutzen« wird als zwei- bis fünfmal so hoch eingeschätzt wie der »Mediennutzen«.
Es ist festzuhalten, daß wir dabei nach wie vor eher am Anfang dieses gewaltigen Prozesses der »Computerisierung« oder »Informatisierung« stehen. Bis 1990 sollen nach Aussagen des Bundesministeriums für Forschung und Technologie etwa zehn Millionen Arbeitsplätze in der Bundesrepublik von dieser Entwicklung erfaßt werden. Eine Studie für das US-Handelsministerium schrieb 1975: Nach 25 Jahren technischen Wachstums ohnegleichen ist die Industrie der elektronischen Datenverarbeitung im Begriff, in ihre Kindheit einzutreten. Der Gnostic-Report schätzte 1980, daß erst etwa fünf Prozent aller bis zum Jahr 2000 erschließbaren Einsatzmöglichkeiten für die Computertechnik und die auf ihrer Grundlage oder in Verbindung mit ihr entwickelten anderen neuen Technologien erschlossen waren. Bis zum Jahr 1990 sollen es entsprechend erst 25 Prozent sein.
Was viele Kollegen nur erahnen, fühlen und dementsprechend bei ihnen Reaktionen auslöst, die bis zum völligen Zusammenbruch reichen, ist eine Haupteigenschaft der neuen Technologien. Sie sind universelle Rationalisierungs- und Kontrolltechnologien. Universell heißt, daß sie wegen ihrer Flexibilität in fast jeden Bereich menschlicher Tätigkeit eindringen können. »Rationalisierungstechnologie« heißt, daß die neuen Technologien im Gegensatz zu früheren Technologiewellen relativ wenig an neuem zusätzlichem Reichtum bringen; ihr hauptsächlicher Gebrauchswert ist eben die wirksame Durchführung bereits gegebener, bisher insbesondere von menschlichen Arbeitskräften ausgeführter Funktionen. Ihr Zweck ist also die Vernichtung von Arbeitsplätzen.
»Kontrolltechnologie« heißt, daß aus technisch zwingenden Gründen auch die Art und Weise der Benutzung des Systems immer durchsichtiger wird. Zur produktiven Informationsverarbeitung, z. B. der Erstellung einer Stückliste und ihrer Übertragung in die Montageabteilung, muß ein ständiger Datenschatten kommen, der die Transaktionen im System zwischen den verschiedenen Stationen im Betrieb erfaßt. Damit werden zwangsläufig Tätigkeiten der an diesen Stationen tätigen Arbeitskräfte (der »Benutzer«, die in Wirklichkeit eher Benutzte sind) transparent, kontrollierbar, rationalisierbar gemacht.
Immer wieder taucht in dem vorliegenden Band die Frage der Massenarbeitslosigkeit auf, was nur zu berechtigt ist, wenn man

sich die folgenden Zusammenhänge klar macht. Trotz erheblichen Wachstums im Bereich der Computertechnik wurden nur wenige Arbeitsplätze in der Produktion geschaffen. Dazu einige Zahlen: 1975 wurden in der Bundesrepublik für 3,5 Milliarden DM Computer und Computerzubehör produziert, 1983 schon für mehr als zehn Milliarden DM. Die Gründe hierfür sind vor allem neue technische Durchbrüche auf allen Gebieten, die zum Teil faszinierende Formen der Beherrschung von Stoffeigenschaften und Naturkräften verkörpern. Computer und Computerzubehör sind praktisch die einzigen Investitionsgüter, die trotz steigender Leistungsfähigkeit laufend billiger werden. Die Beschäftigungsentwicklung zeigt, daß in der DV-Industrie trotz annäherungsweiser Verdreifachung der Umsätze (stückzahlmäßig noch mehr) die Beschäftigung lediglich von etwa 40000 auf 61500 Arbeitsplätze, also um etwas mehr als die Hälfte gestiegen ist. Bei der gesamten informationstechnologischen Primärproduktion ist das Verhältnis noch ungünstiger: bei einem Produktionsanstieg um 80 Prozent von 1975 bis 1980 wurden ganze 1500 Arbeitsplätze neu geschaffen. Bei der Produktion von Mikroelektronik-Komponenten gar sind bei einer Steigerung der Produktion (im gleichen Zeitraum) von 3,4 Milliarden DM auf 4,4 Milliarden DM noch acht Prozent der 1975 bestehenden Arbeitsplätze abgebaut worden. Diese wenigen Zahlen zeigen, wie illusorisch die Vorstellung ist, in diesen Bereichen große Zahlen von Arbeitsplätzen und damit einen massiven Beitrag zur Behebung der Arbeitsmarktkrise schaffen zu können. Dazu handelt es sich bei den neuen Technologien um Spitzentechnologien, die hoch technisiert und damit hoch kapitalintensiv produziert werden können. Wenn Materie systematisch im Bereich weniger hundert Atomdurchmesser (das ist unvorstellbar klein) manipuliert wird, geht das nicht mehr mit den Fingern, sondern nur mit hochkomplexen technischen Aggregaten, zum Beispiel der Laser- und Elektronenstrahltechnik.
Die andere Seite der Medaille ist die Zerstörung von Arbeitsplätzen in den Anwendungsbereichen der Computertechnologie. Da zugleich auf einen Arbeitsplatz in der Produktion zehn in der Anwendung und hundert in den betroffenen Abteilungen der Betriebe entfallen und die neuen Technologien eben Rationalisierungstechnologien sind, deren Gebrauchswert eben darin besteht, bisher von menschlichen Arbeitskräften durchgeführte Funktionen auf die Computeranlagen zu legen, muß sogar geschlossen werden, und das wird auch von den Erfahrungen bestätigt: je dynamischer der Bereich der Produktion der neuen

Technologien (einschließlich der Anwendung, das heißt der Programmierung und der Organisation des betrieblichen Einsatzes), desto stärker der Abbau von Arbeitsplätzen, der kommt, wenn die Betriebe einmal die Anwendungsbedingungen und die sonstigen in den Organisationen zu schaffenden Voraussetzungen beherrschen. Wir sollten uns dabei nicht darauf verlassen, daß, wie in den »Computerfreaks« geschildert, die Betriebe ihre Computer nicht in den Griff bekommen. Es handelt sich hier um Profis, die sehr genau wissen, was sie wollen.

Aus diesem Zusammenhang kann sich das System, kann sich die staatliche Wirtschaftspolitik nicht herausmogeln: die Förderung der Mikroelektronik, der DV-Technik und vieler anderer neuer Technologien ist unter den Bedingungen bereits bestehender hochgradiger und sich weiter verschärfender Massenarbeitslosigkeit verbrecherisch.

Die Massenarbeitslosigkeit ist ein Bestandteil der tiefen ökonomischen Krise, die mit der Entwicklung und Ausbreitung der neuen Technologien zusammenfällt. Hier nur einige Hinweise auf die Ursachen dieser krisenhaften Entwicklung:

– Sinken des realen gesamtwirtschaftlichen Wachstums von acht Prozent in den 50er Jahren (jahresdurchschnittlich) über fünf Prozent in den 60ern, drei Prozent in den 70ern auf null Prozent in den 80er Jahren.
– Gleichbleibend hoher Produktivitätsanstieg zwischen drei und fünf Prozent jährlich
– Überkapazitäten von zum Teil hochmodernen Anlagen im Kapitalwert von derzeit weit über 100 Milliarden DM
– gewaltige vagabundierende Kapitalien, also liquide Mittel, vor allem in den Kassen großer Konzerne, die keine produktive Anlage mehr finden. Das Sammelbecken dieser vagabundierenden Kapitalien, der Eurodollarmarkt, ist seit den 70er Jahren von 350 Milliarden Dollar auf heute 1500 Milliarden Dollar angewachsen
– zur gleichen Zeit steigen die notwendigen Investitionskosten durch die Anwendung der neuen Technologien, die für die Schaffung neuer Arbeitsplätze benötigt werden.

Dies ist nicht der Platz, um die verschiedenen Bedingungen, die die momentane Krise in ihrer Schärfe ausgelöst haben, nach allen Richtungen zu beleuchten. Soviel jedoch geht schon aus den vorgenannten Punkten hervor:

Es ist keine Lösung innerhalb des herrschenden Wirtschaftssystems möglich. Für die Schaffung von zwei Millionen zusätzlichen Arbeitsplätzen wäre ein Profitvolumen in einer Größenordnung von 500 bis 2000 Milliarden DM erforderlich. Dies ist aber weder durch Rationalisierung, noch durch Lohnverzicht, noch durch Sozialabbau im staatlichen Bereich oder in den Betrieben, noch durch irgendwelche sonstigen Maßnahmen zu erreichen.

Bei einer weitergehenden Entwicklung in derselben Richtung sind die Folgen absehbar:

Weiterer Abbau von Millionen von Arbeitsplätzen im Zusammenhang mit den neuen Technologien, weitere Zerstörung von Berufsinhalten und Arbeitsqualifikationen an den verbleibenden Arbeitsplätzen, weil das den Betrieben die Möglichkeit zu Abgruppierungen und damit zum Abbau von Personalkosten gibt, weitere Verschärfungen betrieblicher Kontrolle und Überwachung, um den Leistungsdruck in den Betrieben zu steigern und die porenlose Auspressung der Arbeitszeit zu sichern.

Die traditionellen Rezepte der bürgerlichen Politik bieten hierfür keine Lösungen an. Bei genauerer Betrachtung erweisen sich die angebotenen Rezepte gar als Mittel zur Verschärfung der Krise.

– Der Pillenknick, das heißt die schwachsinnige Hoffnung, eine Lösung durch Abnahme der Bevölkerung zu finden; ökonomisch werden durch den Rückgang der Nachfrage und die Verschärfung des Wettbewerbs noch größere Teile der Kapitalmassen notleidend; es hat in der Geschichte noch nie ein kapitalistisches Land gegeben, das mit einer schrumpfenden Bevölkerung zu Rande gekommen wäre.

– Die Politik der »Modernisierung«, das heißt der verstärkten Förderung gerade der neuen Technologien; übersehen werden dabei der Arbeitsplatzabbau und damit die weiteren Stagnationstendenzen, die davon ausgehen, wenn die Betriebe einmal die neuen Technologien beherrschen.

– Der Abbau von »Investitionshemmnissen«; gerade großtechnologische Investitionen (AKWs, WAAs, Verkehrsflughäfen, Autobahnen etc.) können nur mit sehr viel Maschinerie und relativ wenigen Arbeitskräften produziert werden.

– Jedwede Wachstumspolitik; im Kern ist das schon mit der Aussage über die notwendigen riesigen Profitmassen gesagt; um bis 1990 die Vollbeschäftigung wiederherzustellen, wären jedes Jahr sechs Prozent reales gesamtwirtschaftliches Wachstum in der Bundesrepublik notwendig. Schon zur Erhaltung der heute bestehenden Arbeitslosigkeit wären drei Prozent Wachstum jährlich erforderlich. Bleibt es beim Nullwachstum der Anfang 80er Jahre, gibt es in der Bundesrepublik 1990 fünf bis

sechs Millionen Arbeitslose, und damit wahrscheinlich Verhältnisse, die viele Parallelen zu den 30er Jahren aufweisen, Entwicklungen, von denen die sich jetzt anbahnenden Veränderungen zu mehr autoritären politischen Bedingungen eine Vorahnung geben. Unter den damit geschaffenen Voraussetzungen werden die neuen Technologien immer mehr entwickelt und eingesetzt, um zusätzliche, riesige Profitmassen aus den Arbeitenden herauszupressen. Wünschenswert wäre eine solche Wachstumslösung schon deshalb nicht, weil sie angesichts der angesprochenen notwendigen riesigen Investitionen zu einer »Zubetonierung der Bundesrepublik« führen würde.
Mag für viele die These auch provozierend wirken: dem Arbeiter Karl ist nur zuzustimmen, wenn er ausruft: »30 Stunden sind zu viel«. Auf längere Sicht betrachtet wird die gesellschaftlich durchschnittlich notwendige Arbeitszeit mit Sicherheit unter 30 Stunden sinken. Kurzfristig bietet die Politik der Arbeitszeitverkürzung die einzige Lösung für den Arbeitsmarkt. Zum einen kommt es darauf an, immer und immer wieder darauf hinzuweisen, daß wir diese Frage zunächst von unserem Klasseninteresse her zu betrachten haben. Einen Beitrag dazu haben die Kollegen des »Werkkreises« mit dem vorliegenden Buch geleistet, wie in den vergangenen Wochen und Monaten die Kolleginnen und Kollegen der verschiedenen Einzelgewerkschaften mit ihrem Kampf um die 35-Stunden-Woche. Zum anderen muß auch darauf hingewiesen werden, daß die Einführung der 35-Stunden-Woche bei vollem Lohnausgleich für die westdeutsche Wirtschaft zumutbar ist:
Die Reichen werden immer reicher. Trotzdem kann die Nichteinführung der 35-Stunden-Woche die Ertragsprobleme vieler westdeutscher Unternehmen nicht beseitigen. Die weiter mit riesigen Beträgen wachsenden Kapitalmassen können nur unter großen Schwierigkeiten mit dem entsprechenden Kapitaldienst (Abschreibungen, Zinsen, Wagnisse etc.) bedient werden. Nicht die Lohnkosten sind das Problem, sondern die gerade mit der rasanten technischen Entwicklung gewaltig gestiegenen Kapitalansprüche. Konkurse kleiner und mittlerer Betriebe können durch andere, z. B. beschäftigungspolitische Maßnahmen aufgefangen werden.
Auch außenwirtschaftlich ist die 35-Stunden-Woche unbedenklich. Die westdeutsche Exportwirtschaft verkraftet alle Jahre wieder Wechselkurserhöhungen, die über den Kostensteigerungen liegen, die durch die 35-Stunden-Woche bei vollem Lohnausgleich bewirkt würden. Bei einem Lohnkostenanteil

von 30 Prozent (eine für die Exportwirtschaft nicht untypische Größe) betragen die zusätzlichen Kosten für die 35-Stunden-Woche bei vollem Lohnausgleich etwa vier Prozent.
Wir stoßen hier aber immer wieder auf ein allgemeines Problem der »wissenschaftlichen« Analyse. Geht es um die angeblichen Sickereffekte bei der Arbeitszeitverkürzung, oder beispielsweise um die dadurch hervorgerufene zusätzliche Rationalisierung, immer beruhen die Analysen auf Befragungen der Unternehmer, das heißt der sehr interessierten »Täter« in dieser Entwicklung. Wir haben guten Grund zu der Annahme, daß die Ergebnisse, die bei solchen Umfragen erzielt werden, weder der Realität entsprechen noch unseren Interessen dienen. Kurzfristig betrachtet bleibt also festzuhalten, daß die 35-Stunden-Woche bei vollem Lohnausgleich sowohl wirtschaftlich verträglich als auch arbeitsmarktpolitisch vernünftig ist, ebenso wie sie menschlich ist.
Mittel- und längerfristig können wir uns mit diesem Ziel nicht zufriedengeben. Durch verschärfte Rationalisierungs- und Technisierungsprozesse kann der alte Zustand der Massenarbeitslosigkeit wieder herbeigeführt werden. Zur Lösung der Probleme der technologischen Entwicklung auf längere Sicht kann die 35-Stunden-Woche nicht beitragen.
Wir alle sind gefordert, zu neuen Formen der Arbeit und der Organisation der Betriebe im Zusammenhang mit der technischen Entwicklung zu gelangen. Dazu gehören in erster Linie Maßnahmen zur Entintensivierung der Arbeit, also für weniger Arbeitsdruck, mehr Pausen, bewußteres Produzieren und mehr Kommunikation zwischen den Arbeitenden. Qualifizierung, also einen von den Beschäftigten und ihrer Interessenvertretung kontrollierten betrieblichen Lernprozeß, gerade in Bezug zu den neuen Technologien, der allerdings nicht darin bestehen darf, das heute entwickelte bornierte Computerwissen auf die Beschäftigten zu übertragen. Demokratisierung, das heißt umfassende ständige Mitbestimmung über das Was, das Wofür und das Wie der Produktion, gerade auch der Produktion von Informationen durch die betroffenen Beschäftigten und ihre betriebliche und gewerkschaftliche Interessenvertretung.
Wir brauchen Leute, wie den Bahnwärter, der sich mit den Zuständen an seinem Arbeitsplatz nicht abfinden kann, Leute wie den »Roten Pfeifer«, die über ihren eigenen Schatten zu springen in der Lage sind. Es bleibt die Hoffnung, daß so ein Prozeß ständiger Diskussion und bewußter Kontrolle der Beschäftigten über die neuen Technologien in Gang kommt. Diskussionen dar-

über, welche Systeme zu verhindern sind (etwa Personalinformationssysteme), welche Systementwicklungen anzuhalten und zunächst gründlich zu durchleuchten sind, und welche Systeme im Interesse der Beschäftigten zu fördern sind. (Zum Beispiel Systeme für eine bessere Material- und Energieökonomie, Systeme für bessere Sachbearbeiterinformationen etc.) Es darf also nicht alles gemacht werden, was technisch möglich ist, und – das ist hinzuzufügen – es müssen andere Systeme entwickelt werden als bisher.

Ein Prozeß, der zur Entwicklung konkreter alternativer Formen der Gestaltung und (Selbst-)Steuerung der Betriebe durch die Beschäftigten führen sollte. Schritte zur betrieblichen Dezentralisierung, zur Mobilisierung, zur Schaffung »informierter Belegschaften«, zur Ablösung der kapitalistischen, hierarchischen, vom Militär übernommenen Formen der Betriebs- und Arbeitsorganisation müssen getan werden.

Der kapitalistische Akkumulationsprozeß muß durchbrochen werden. Dem damit einhergehenden Strukturwandel und der davon ausgehenden strukturellen Gewalt in Form von Konzentration, Ausbau nationaler und internationaler Verflechtungen durch Kapitalexport müssen wir Maßnahmen der Vergesellschaftung und der planmäßigen demokratischen Gestaltung der Produktion entgegensetzen.

Wichtigste notwendige, aber nicht hinreichende Voraussetzung dazu wiederum ist die Gewährleistung einer breiten ständigen betrieblichen Auseinandersetzung mit den konkreten Systemen der neuen Technologien. Dies ist notwendig, um einerseits die Kräfte zu mobilisieren für einen solchen langen und umfassenden Veränderungsprozeß, das ist aber insbesondere auch notwendig, um durch Schaffung angemessener betrieblicher Unruhe, durch die Übertragung des Prinzips des zivilen Widerstands auf die Betriebe so viel an Druck zu schaffen, daß den Interessen der Beschäftigten als der wirklichen Produzenten des gesellschaftlichen Reichtums so Rechnung getragen wird, wie es die heutige Entwicklung der materiellen Produktivkräfte und der neuen Technologien als ihr Bestandteil erlaubt.

Die Autoren

Wolfgang Bittner: (1941), Schriftsteller, Mitglied im VS und der IG Druck und Papier

Ulrich Briefs: (1939), wissenschaftlicher Referent beim WSI des DGB, Lehrbeauftragter für Informatik, GEW

Ernst-Ludwig Diehl: (1949), Werkzeugmacher, IG Metall, Werkstatt Frankfurt

Anne-Rose Dostalek: (1952), Verlagsangestellte, Betriebsrätin, Gewerkschaft HBV, Werkstatt Frankfurt

Heinrich Droege: (1933), Fernmeldetechniker, Vorstandsmitglied der DPG, Werkstatt Frankfurt

Jürgen Endreß: (1941), Metallarbeiter, IG Metall, Vertrauensmann, Werkstatt Nürnberg

Erich Fried: (1921), Schriftsteller

Jürgen L. Groß: (1954), Journalist, dju in der IG Druck und Papier, Werkstatt München

Siegfried Grundmann: (1924), Korrektor, IG Druck und Papier, Werkstatt München

Hans-Günther Helms: Journalist, RFFU

Michael Hillen: (1953), Korrektor, Gewerkschaft ÖTV

Ursula Kiausch: (1948), Fremdsprachenkontoristin, IG Metall, Vertrauensfrau, Werkstatt Mannheim

Johannes Leckebusch: (1953), Fachjournalist

Ludwig Miehe: (1939), Kaufmann, IG Metall, Werkstatt Frankfurt

Heinz Milloth: (1933), Lehrer, Betriebsrat, Gewerkschaft ÖTV, Werkstatt Frankfurt

Edmund Möller: (1930), Redakteur »Der Gewerkschafter«, IG Metall

Jutta Roitsch: (1942), Redakteurin, dju in der IG Druck und Papier

Horst Scharnagl: (1952), Lokomotivführer, GdED, Werkstatt Frankfurt

Franz Scheidel: (1953), Operator, Gewerkschaft HBV, Werkstatt Frankfurt

Peter Schütt: (1939), Schriftsteller, IG Druck und Papier

Manfred Schwab: (1937), Elektriker, Redakteur, z. Zt. arbeitsloser Soziologe, dju in der IG Druck und Papier, Werkstatt Nürnberg

Jutta Sickenius: (1960), Industriekauffrau, DPG, Werkstatt Frankfurt

Sabine Stange: (1950), gelernte Lehrerin, Autorin, RFFU und GEW, Werkstatt Kassel

Heinz-Peter Tjaden: (1949), Journalist, Werkstatt Hannover

Michael Tonfeld: (1950), Drucker, VS und IG Druck und Papier, Werkstatt München

Artur Troppmann: (1930), Dekorateur, freier Schriftsteller, VS und IG Druck und Papier, Werkstatt München

Die Grafiker

Thomas Bühler
Achim Farys
Ernst Pötter

Die Herausgeber

Werkstatt Frankfurt des Werkkreises Literatur der Arbeitswelt

Das Lektorat

Jürgen Seidel, Werkstatt Düsseldorf

Der Werkkreis

In eigener Sache:

Noch ein weiteres Argument für die 35-Stunden-Woche: das Lesen erfordert, wie das Schreiben von Büchern, Zeit. Ein wenig davon kann und die Durchsetzung der 35-Stunden-Woche bringen. Wenn wir infolge von Streß und Arbeitshetze noch nicht zu müde sind, dann finden wir auch die Kraft, uns mit der betrieblichen und gesellschaftlichen Wirklichkeit auseinanderzusetzen.
Der Werkkreis versucht das mit den Mitteln der Literatur. Wir fordern auch euch auf, Kolleginnen und Kollegen, das aufzuschreiben, was euch bewegt. Da gibt es so vieles zu berichten aus Betrieben, Büros und Arbeitsämtern, das sonst in der Öffentlichkeit nicht behandelt wird. Der Werkkreis bietet dafür ein Forum.
In über dreißig örtlichen Werkstätten von Kiel bis München, West-Berlin, Zürich und Graz treffen sich die Mitglieder, um zu schreiben und über ihre Texte zu diskutieren. Alle interessierten Kolleginnen und Kollegen sind uns herzlich willkommen.

Unsere zentrale Kontaktadresse lautet:

Werkkreis Literatur der Arbeitswelt
Postfach 180227
5000 Köln

Lesungen, Liedermacher, Grafiker

Wir kommen gern zu Lesungen in Schulen, Gewerkschaftshäuser, Jugendzentren, Volkshochschulen, Büchereien und Buchhandlungen. Die dem Werkkreis angeschlossenen Grafiker arbeiten in eigenen Werkstätten zusammen. Kontakte ebenfalls über obige Adresse.

Spenden für unsere Arbeit
erbitten wir auf das Postscheckkonto
Köln 273707-509
(Spendenquittung wird übersandt; wir sind gemeinnützig anerkannt)

fi 119/2a

Psychologische Ratgeber

Otto F. Gmelin
Mama ist ein Elefant
Die Symbolwelt der Kinderzeichnungen
Band 3305

Theodor Hellbrügge
Das sollten Eltern heute wissen
Über den Umgang mit unseren Kindern
Band 3331

Else Meyer
Eltern im Drogenproblem
Erfahrungen aus der Hilfe durch Selbsthilfe
Band 3329

Ranne Michels / Rainer Kippe
Guter Hoffnung
Wie wir die Angst vorm Kinderkriegen überwanden
Band 3315

Nossrat Peseschkian
Der Kaufmann und der Papagei
Orientalische Geschichten als Medien in der Psychotheraphie
Band 3300

Gerd Reiber
Eltern helfen lernen
Band 3319

Heinrich Sattler
Das Leben beginnt mit sechzig
Band 3018

Fischer Taschenbuch Verlag

fi 8/4b

Psychologische Ratgeber

Barbara Sichtermann
Leben mit einem Neugeborenen
Ein Buch über das erste halbe Jahr
Band 3308

Reinhart Stalmann
Psychosomatik
Wenn die Seele leidet, wird der Körper krank
Ein Therapeut erklärt Fälle aus der Praxis
Band 3332

Tine Thevenin
Das Familienbett
Geborgenheit statt Isolation
Band 3337

Sven Wahlroos
Familienglück kann jeder lernen
Band 3302

Edward Whelan / Barbara Speake
Hilfe für geistig Behinderte
Erziehung zur Selbständigkeit
Band 3311

Gerlinde M. Wilberg
Zeit für uns
Ein Buch über Schwangerschaft, Geburt und Kind
Band 3307